JN439311

은옥진 에세이

나는 글자를 모은다

수필과비평사

나는 글자를 모은다

은옥진 에세이

1판 1쇄 인쇄/ 2010년 3월 26일
1판 1쇄 발행/ 2010년 3일 26일

지은이 / 은 옥 진
펴낸이 / 서 정 환
펴낸곳 / 수필과비평사

등록 / 1984년 8월 17일 제28호
주소 / 서울시 종로구 익선동 30-6
운현신화타워 빌딩 2층 208호
전화 / (02) 3675-5633 , (063) 275-4000
팩스 / (063) 274-3131
E-mail / essay321@hanmail.net

값 12,000원

*지은이와 협의하여 인지를 생략합니다.
*잘못된 책은 바꿔드립니다.

ISBN 978-89-5925-680-8 03810

나는 글자를 모은다

은옥진 에세이

수필과비평사

책을 내면서

첫 수필집 『사연』을 1999년에 출간하고, 이어서 『매화가지에 꽃댕기』를 묶은 뒤 일곱 해가 지났다. 그만큼 세 번째 수필집 『나는 글자를 모은다』를 정리하면서 감회가 남다르다.

60여 편의 글들을 한데 묶기에는 책이 너무 두꺼워 36편만 실었다. 원고지 100매가 넘는 「정한(情恨)」은 천경자 화백과의 만남과 그분의 예술세계를 담았으며, 병상에서 쓴 「핑크리본」 그리고 제주 4·3사건을 서사화한 「폭나무의 세월」은 11년 전 발표했던 「잃어버린 마을의 팽나무」를 이참에 43매로 개작을 했다. 서대문형무소에 서 있는 「통곡의 미루나무」 등 모두 긴 글이어서 그렇게 되었다.

내 글에는 어머니 이야기가 참 많다. 가장 진솔한 내 삶의 원천이었고 근원이었기에 가슴 에이도록 그리운 어머니는 나의 글 속에서 영원히 함께 할 것이다.

1부에는 나의 유년과 어머니 그리고 가족, 2부는 요즘의 내

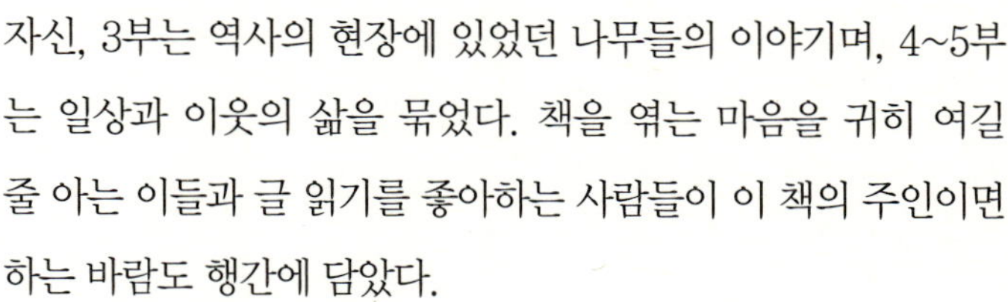

자신, 3부는 역사의 현장에 있었던 나무들의 이야기며, 4~5부는 일상과 이웃의 삶을 묶었다. 책을 엮는 마음을 귀히 여길 줄 아는 이들과 글 읽기를 좋아하는 사람들이 이 책의 주인이면 하는 바람도 행간에 담았다.

긴 병고 속에 묻힐 뻔한 글들이었다. 책을 묶도록 격려와 힘을 실어준 대구의 정 선생님, 부산의 박 교수님이 있어 세상에 빛을 보게 되었으니 참으로 감사한 일이다. 곁에서 늘 지켜봐준 정 여사와 신아출판사 서사장님께 고마움을 전한다.

어미의 글을 그림으로 돋보이게 해주는 큰딸과 글줄이 터덕거릴 때마다 가름해주는 작은딸, 때도 없는 컴퓨터의 반란으로 달려오는 아들들, 그리고 남편. 이렇게 함께 할 수 있음을 하나님께 감사드린다.

2010년 3월　　저자 은옥진

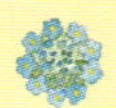

1부 어머니의 비단방석

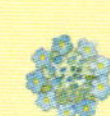

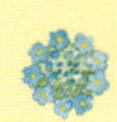

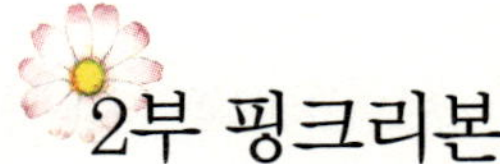

2부 핑크리본

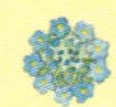

3부 나무들의 말씀

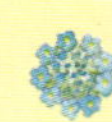

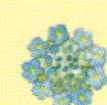

4부 못다 한 이야기

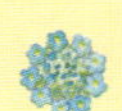

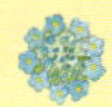

5부 성탄 트리에 머문 세월

1부
어머니의 비단방석

그림 속의 나무

 벽을 바라보면 거기 늘 나무가 있다.

엽서보다 조금 큰 판화 석 장, 서양화가 김구림 씨의 작품이다. 한 장에는 가지가 촘촘한 나무 한 그루, 다른 한 장에는 우람하게 생긴 나무 두 그루, 그리고 세 번째 그림에는 큰 나무 옆에 작은 나무 두 그루가 앞뒤로 같이 있다. 그것들은 각각 액자에 넣어져, 나란히 어깨를 맞대고 걸려 있다.

여러 가지 색깔이 어우러진 화사한 그림도 아니요, 무채색에 가까운 이끼색 바탕에 청회색 나무일 뿐이다. 그런데 그 절제된 색과 간결한 구도가 편안하고, 서로 어울린 것이 작은 숲 같아서 아늑했다.

우부룩하게 드러난 뿌리며 굵은 밑동 위로 곧게 뻗은 줄

기. 사방으로 고루 뻗은 잔가지들. 큰 나무는 작은 나무를 감싸안고, 작은 나무는 울타리가 되어 우리를 쳐다보고 있는 모습이 정겹다.

원래는 여섯 장으로 된 시리즈물이었다. 전시장에서 처음 보았을 때 단박에 마음이 끌렸다. 우선 자그마하니 공간을 덜 차지해서 좋을 것 같았다. 하나씩은 좀 홑지지만, 둘씩 짝을 지어 걸어도 괜찮겠고, 한 자리에 위아래 셋씩 층지게 걸어도 좋을 성싶었다.

하지만 그림 값이 내 짐작의 키를 훨씬 넘는 바람에 몇 차례 들락거리다가, 가까스로 마감 날에야 호랑이 등에 올라타는 기분으로 집에 옮겨다 놨다.

그런데 그 여섯 장 그림을 벽에 걸던 날부터 그림이 좋다면서 반씩 나누자고 조르는 분이 있었다. 그분도 그림을 좋아하는 사람. 오죽하랴 싶어 네 번째 그림 이하 석 장을 내주었다.

가져간 그림 석 장에는 네 그루의 나무와 다섯, 여섯 그루의 나무가 각각 차례로 담겨져 있다. 남은 그림에는 세 폭에 모두 여섯 그루의 나무가 담겨서, 우연찮게도 우리 집 가족 수와 꼭 맞는다.

그림을 들여놓던 때, 두 딸애는 열한 살에 아홉 살, 셋째 녀석은 여덟 살, 막내가 여섯 살이었다. 잎이 져버린 십이월의 나무라고 아이들은 이름 붙였다. 가끔은 그림 앞에서 노래도 불렀다.

나무야 나무야 겨울 나무야
눈 쌓인 응달에 외로이 서서….

나목(裸木)이지만 쓸쓸함은 없다. 빈 가지지만 되레 청아하기만 하다. 잎이 진 나무이기에 그늘은 엷지만, 그 대신 햇볕은 잘 든다. 가끔은 산들바람에 잔가지가 흔들리기도 하고, 된바람은 나무를 흔들며 지나간다. 겨울이면 거기에 눈꽃도 핀다. 그런 상상으로 꿈도 실어 펼쳐본다. 새가 날아들어 둥지를 틀면, 어미 새가 노란 부리 새끼들에게 먹이도 날라다 주고….

아이들이 학교에 간 날이면, 햇살은 나무들을 환히 비친다. 나무는 늘어지게 기지개를 켠다. 차츰 아이들은 밖에서 노는 날이 많아지고, 나무는 키돋움을 하면서 밖을 기웃거리기도 한다.

그렇게 세월은 가고 나무는 20년을 자라 우람함을 더했다.

우리 아이들도 어느덧 성년이 되어 제각각의 포부가 영글게 되었다.

봄이 되어 실비 내리던 날, 딸아이는 신랑 손을 잡고 꽃길을 걸었다. 그리고 나무 곁을 떠났다.

가을이 깊어 나뭇가지 사이로 쪽빛 하늘이 더욱 짙푸르던 날, 남은 딸아이도 서둘러 나무 곁을 떠났다. 까치집보다 조금 큰 보금자리를 만들어서.

나무는 말했다. 잎새 무성히 드리우는 여름이 되거든, 아기랑 손잡고 내 곁에 오라고, 그래서 모두 빙 둘러앉아 도리도리 짝짜꿍 놀이를 하자고.

동화책을 읽으면서 그네 줄을 매달라고 조르던 아들녀석들도 이제는 콧수염이 거뭇하다. 그들도 머지않아 나무 곁을 떠나겠지. 그래도 나무는 거기 늘 그렇게 있을 것이다. 한결같이 우리 집 제일 좋은 벽면을 차지하고서.

나무는 그림 속에만 있는 것이 아니었다. 겨울이 오면 길가, 고궁, 낮은 산자락에서 그림 속의 나목을 만난다. 어제

해거름 산책길에도, 큰 나무와 작은 나무 둘이 앞뒤로 손을 잡고 있는 나무 세 그루를 강변길에서 보았다.

요즈음 들어 갈라져 간 석 점의 그림들이 생각난다. 네 그루에서 여섯 그루가 그려진 작품은 그분이 갖고 있다. 해외 근무 때문에 여러 차례 이사를 하더니 소식이 끊긴 지 오래된 지금, 나무들이 얼마나 자랐는지 궁금하다. 어쩌면 열다섯 그루의 나무들이 숲을 이루었을지도 모를 일이다. 만일 그분이 이 글을 읽을 수 있다면, 어느 곳이건 한 집에 우리의 나무들이 어울려 지낼 수 있는 아담한 정원을 만들어 주자고 해야겠다.

벽을 바라보면 거기 늘 나무가 있다.

꽃물들이던 저녁

하늘이 환하다. 모처럼 만에 날이 든다. 궂은 날씨 때문에 움츠리고 있던 뜨락 꽃들이 활기를 되찾는다. 우중충하던 담장 밑 맨드라미가 한결 산뜻해졌다. 잎만 무성하던 분꽃 떨기는 노란색, 분홍색 꽃을 터뜨려 꽃밭이 싱싱하다. 분꽃 모종을 감나무 둘레에 옮길 때는 그늘이 염려되었는데, 오히려 감나무의 넓은 잎이 우산 구실을 하였나 보다. 확돌 옆의 봉숭아는 반쯤 넘어져 안타까웠지만, 이제 꽃이 피는 것을 보니 괜찮을 것 같다.

이렇듯 우리 집 뜰에 있는 꽃들은 제각각의 매력으로 한 여름을 대견스럽게 수놓는다. 밥할 때를 알려준다는 분꽃의 소박함, 백 날을 간다는 백일홍의 끈기, 잔망하지만 억센 생활력을 자랑하는 각색 채송화, 그런 가운데서도 봉숭아꽃이 필 때면 고향집이 생각나고, 지금은 안 계신 어머니가 그리워진다.

어릴 때 내가 보던 어머니는 늘 모시옷을 즐겨 입었다. 해질녘이면 옥색 치마랑 세모시 저고리를 꽃밭에 널어 둔다. 잘은 모르지만 밤이슬로 촉촉하게 함으로써 올새를 고르게 하고 곱게 다림질을 하기 위해서인 듯하다.

저녁상을 물리고 토방에 내려가면, 마당 한가운데 놓인 평상에는 어느새 다림질이 끝난 옷들이 반듯하게 개켜져 있다.

언니와 마주앉아 다림질하는 어머니는, 가끔씩 평상 멀찍이 다리미를 들고 가서 사위어가는 숯불을 부채질한다. 재가 하얗게 날리면서 불잉걸은 되살아난다. 어둠을 배경하고 어머니의 얼굴이 붉게 비친다. 미처 사그라지지 않은 불티는 어머니 등 뒤에서 탁탁 튀며 별똥처럼 흩어진다. 화력을 되찾은 다리미는 다시 빨래를 잡고 있는 언니 쪽으로 오르락내리락 미끄러지며 어머니와 언니의 얼굴을 번갈아 밝힌다.

다림질이 끝난 뒤에 들려줄 옛이야기를 기다리며, 평상에 누워 바라보는 하늘에는 늘 별이 많았다. 금방이라도 쏟아져 내릴 듯 가깝기만 해서, 손을 뻗으면 정말로 잡히기라도 할 듯 그런 여름밤이었다.

언제 다림질을 끝냈는지 어머니는 치맛자락으로 누워 있는 나를 덮어 주며 부채질을 해준다. 그것이 좋아서 굳이 홑이불이 싫다고 어깃장을 놓기도 했다. 어머니의 냄새가 배어 있는 치맛자락은 나만을 감싸줄 수 있기 때문이었으리라.

밤하늘의 별은 빈자리 없이 채워지고, 귓가에 흐르는 꽃 전설은 졸음이 되어 귓불에 매달린다. 그때 들은 봉숭아꽃 이야기는 그저 어렴풋하다.

옛날 우리나라 임금님이 나쁜 사람들 때문에 중국으로 끌려갔단다. 임금님은 다시 돌아오고 싶어서 날마다 잠을 못 자던 어느 날 밤, 손가락에서 피를 뚝뚝 떨어뜨리며 가야금을 타는 소녀를 꿈에 보았다. 꿈이 하도 이상해서 사연을 알아보았더니, 중국으로 잡혀온 우리나라 소녀 하나가 있었다고 한다.

그 소녀는 봉숭아물을 들이기 위해 손가락을 싸매고 가야금을 탔다는 것이다. 그 소녀는 임금님이 이곳에 왔다는 소문을 듣고, 비록 자신은 못 돌아갈지라도 임금님만은 무사히 돌아가소서, 바라는 마음으로 밤마다 그렇게 가야금을 탄다고 한다.

그 후 임금님은 고국으로 돌아오게 되었고 돌아와서 그 소녀를 찾았지만, 이미 죽은 뒤였다. 임금님은 그 소녀의 갸륵한 마음씨를 기리기 위해 궁궐 뜰에 많은 봉숭아를 심게 했다.

봉숭아꽃이 피기를 손꼽아 기다리던 초여름, 작은 꽃망울이 연두색으로 부풀기 시작하면 마음은 덩달아, 꽃이 벙글기를 바란다. 부푼 꽃망울이 빨간 입술을 살며시 드러내면 가슴은 마냥 뛰었다.

꽃과 잎을 따서 그늘에 말리는 어머니를 쫓아다니며 나는 또 묻는다. 빨간 꽃만 있으면 되는데 왜 자꾸 파란 이파리를 섞느냐고. 그때마다 어머니는, 꽃만 가지고 물을 들이면 꽃물이 쉬 빠진다고 설명해 주신다. 그 이치를 알아차릴 수가 없어서 해마다 어머니를 곤혹스럽게 했다. 꽃만 가지고 해야 손톱이 더 빨갛게 물들 것 같은 마음에서다.

이른 저녁을 끝낸 후 미리 다져 놓은 꽃반죽을 손톱에 얹어준 다음, 어머니 손보다 더 큰 아주까리 잎으로 꼭꼭 싸맨다. 행여 잠을 자다가 꽃반죽이 빠질세라 양손을 곧추들고 있지만, 그것도 허사여서 어느새 잠들어 버린다.

새벽같이 일어나 재빨리 손끝을 만져본다. 꽃반죽이 손끝에 남아 있다. 얼른 보고 싶어서 아주까리 잎을 살짝 젖히고 보면 빨갛게 물든 손톱이 가슴을 설레게 한다. 실로 싸매었기에 가렵고 저린 손가락을 편 채 어머니를 부르며 부엌으로 달려가 시치미를 떼고 손을 내민다. 어머니는 실을 올올이 풀어준 다음, 환히 웃으면서 내 등을 토닥여 주신다.

담 너머에 사는 명자네 집에 가서 자랑하고 싶지만, 아직 해도 뜨지 않았다. 나는 마당을 서성거리면서, 아침 이슬이 함초롬한 봉숭아꽃과 내 손을 번갈아 보고 또 보곤 했다.

어느덧 나는 그 옛날 봉숭아꽃 얘기를 들려주던 어머니 나이가 되어 내 집 뜰 의자에 나와 있다. 두 딸은 꽃물들이던 어린 시절을 잊었는지, 매니큐어를 더 바친다.

훗날 그 애들이 어른이 되었을 때, 뒤뜰에 심었던 아주까리씨를 받거나, 울 밑에 봉숭아를 가꾸며 여름을 보내게 될지….

간밤에 비바람이 몹시 불더니 봉숭아꽃잎이 많이 졌다. 꽃도 줍고 잎도 따서 옆집 미리엄마한테 갖다 줘야겠다. 꽃물을 어떻게 들이는지 모를 테니, 괭이밥 이파리 대신에 백반가루를 넣고, 아주까리 잎이 없으니 비닐로 싸매어 주라고 해야겠다.

큰 항아리의 추억

김장철이 가까워지면 경복궁 전통공예미술관에서는 옹기 전시회가 열린다. 독과 항아리는 물론이지만, 동이나 뚝배기 같은 자그만 용기들이 많이 나온다. 처음에는 구경삼아 재미로 갔었는데, 요즘에는 뭔가 채워지지 않는 아쉬움으로 그곳에 간다.

몇 년 전 아파트로 이사를 하면서 그때까지 살던 집에 항아리를 버리고 왔다. 소래기까지 덮여 있는 그 항아리는 크고 우람스러워서 장독대 맨 뒷줄에 자리잡고 있었다. 웬만한 독 두 개 높이는 되는데, 아래는 좁으며 위쪽으로 둥글게 배가 나와 어른 팔로 두 아름은 되는 큰 항아리였다.

아파트로 갈 것을 결정한 그날부터 장독대를 몇 번씩 둘러보았지만 어느 한 가지 두고 갈 수 없는 것들이었다. 모란꽃이 그려진 백단지는 양념을 담아 두었고, 철 따라 밑반찬이나 장아찌를 삭여 갈무리하는 귀단지는 운두가 낮고 펑퍼짐하다. 자주 들락거리는 여름이면 아예 부엌으로 옮겨다 놓을 때도 있었다.

이른 봄 갖가지 젓갈을 담가 삭히는 방구리는 배가 나왔다고 해서 나 혼자 '배단지' 라 부르곤 했다. 겨울 채비에 쓰이는 키 작은 항아리들은, 김치나 동치미를 담그면 군내 없고 톡 쏘는 맛이 일품이라는 어머니 말씀대로 늘 새 맛을 지니게 해주었다.

마당 한쪽에 자리한 장독대는 그렇게 삼십여 년 동안 우리 식구들의 먹을거리 원천이 되었다. 어쩌다 집에 와서 그것을 보는 이들은 서울 살림에 간수하기가 수월찮겠다며 탐을 내기도 했다.

물론 그것들 대부분은 시집올 때 어머니가 마련해준 거지만, 큰 항아리와 그 밖에 몇 가지는 나이 드시어 큰살림을 안 하게 된 어머니가 마당 넓은 우리 집으로 옮겨다 놓은 것이다.

장맛이 좋아 으뜸으로 치던 그

큰 항아리는 어머니 새색시 때 달구지에 실려 왔다고 했고, 장정 둘이서 들마시했다는 후일담에 걸맞게 우리 집에서도 그 위용을 자랑했다.

우선 봄이면 간장 담그기가 좋았고, 달여서 옮긴 다음에는 건어물이나 곡식들을 넣어두는 곳간이 되었다. 키가 크신 어머니는 물건을 넣고 꺼낼 때 아무렇지도 않게 하시더니, 어른이 되어서도 손이 닿지 않는 나는 앞에다가 디딤돌을 두었고, 그걸 딛고 올라설 때마다 어머니 생각이 일곤 했다.

이렇듯 어머니 손때 스민 항아리들은 나의 보배 같은 세간으로 이어졌고, 나로 하여금 앳된 추억들에 젖어들게 만들었다.

내가 유년 시절을 보낸 집 장독간은 뒤란에 있었다. 아침이면 쪽진 머리에 흰색 앞치마를 입은 어머니가 물행주로 장독 그릇을 닦았다. 그럴 때마다 졸린 눈을 비비며 어머니 치마꼬리를 붙잡고 뒤꼍에서 종종걸음쳤다.

반들거리고 윤기나는 오지그릇에는 내 얼굴이 얼비쳤고 그것이 신기하고 재미있어서, 노상 뚜껑들을 만지작거리다가 열고 덮기를 거듭했다. 무엇이 담겼는지 알고 싶었고, 키 큰 항아리 속은 키 작은 나에게는 넘겨다볼 수 없는 비밀스런 곳이기도 했다.

반대기를 열 때마다 어머니 손에 들려진 갖가지 것들은 반찬으로 만들어져 상에 올랐다. 그것이 어떤 날에는 곶감이나 대추가 되기도 했고, 엿이나 홍시일 때는 더욱 신이 났다. 한겨울 군것질거리도 거기서 나왔다. 이런 것들이 뭉뚱그려져서 어린 나를 항아리 주변에서 맴돌게 했다.

술래잡기할 때면 숨기 좋았고, 꾸중 들은 풀이로 훌쩍이던 곳도 그 그늘이었다. 그러다 어느 날 깜박 잠이 들어, 어두워질 때까지 종적을 몰라 찾아나선 어머니를 놀라게도 했다. 소꿉놀이할 때도 장독대 뒤쪽에 있는 정구지를 뜯어 버무렸고, 까맣게 여문 분꽃 씨앗으로 얼굴에 분칠을 해 본 것도 모두 큰 항아리 곁이었다.

6 · 25전쟁 때는 구덩이를 파고 그 항아리를 땅속 깊이 묻었다. 항상 집안일을 도와주는 이웃집 남자의 삽질 소리가 잠잠해진 다음, 항아리가 묻힌 그 자리는 곱게 일군 밭고랑이더니 피난길에서 돌아와 둘러보았을 때는 우부룩하게 자란 파밭이었다.

어머니가 아끼는 싱거 재봉틀과 성경책, 태극기 그리고 소중하게 여기는 다른 살림들이 말짱한 채 큰 항아리 속에서 나왔다. 이렇게 큰 항아리에는 내 어린 시절 이야기가 배어 있고, 어머니의 젊음과 그 인고의 삶이 굳은살처럼 박혀 있다. 정읍에서 전주로, 다시 서울로 거듭되는 이사였어도 금간 데 하나 없이 의연하게 수문장 구실을 해왔다.

그러던 장독대가 수난을 겪기 시작한 것은 연탄광을 들이면서부터다. 식구가 늘고 살림이 불면서 연탄을 쌓아 둘 헛간이 있어야 했다. 슬래브지붕 창고를 짓고, 항아리들을 그 위로 올렸다. 그러다가 기름보일러로 바꾸면서는 연탄광 자리에 잔디를 심고, 장독대는 이층 베란다 난간으로 옮겨버렸다.

발길이 먼 만큼 소래기를 여는 일도 뜸해졌다. 이층 계단을 지나 다시 밖으로 나가기보다는 냉장고를 활용하는 편이 수월했다. 커버린 아이들도 저장 음식보다는 인스턴트식품을 더 좋아했다.

때를 같이하여 앞뒷집, 옆집에서 높은 빌딩을 올리기 시작했다. 온종일 볕을 쬐지 못한 고추장, 간장은 곰팡이가 슬었다.

먼지 낀 단지들은 물행주로 닦던 시절의 윤기를 잃어갔고, 어쩌다 빗물에 씻기는 외는 때깔 고운 예전의 모습을 찾을 수 없게 되었다. 큰 항아리는 양념단지나 뚝배기, 쓰지 않는 자지레한 것들을 넣어두는 창고가 된 채 여러 해가 지났다.

아이들이 장성하여 곁을 떠나게 되면서 넓은 집을 간수하기가 힘들어졌다. 집을 내놓고 아파트로 오면서는 큰 항아리 놓을 만한 마땅한 자리를 마련하지 못했다. 작은 오지단지 몇 개 들고 와서 쌀독으로 쓰고 있고, 그 밖의 것들은 본래의 용도를 떠나 꽃꽂이나 화분 받침으로 쓰고 있다. 그러면서도 그 큰 항아리가 없는 것이 늘 허전하고 서운하다.

손가락으로 두드릴 때마다 탱- 탱- 울리는 소리, 그 소리만 듣고도 깨지고 금간 것을 알아차리던 어머니, 물동이나 여느 장독 그릇에도 짝이 있는 법이라며 같은 모양새를 둘씩 마련해 주셨다. 어느 독은 된장 맛이 좋고 고추장 담기에 알맞다고, 봄이 오고 가을이 되면 독을 채우며 일 년 살이 준비를 하시더니만….

이제 큰 항아리는 없다 해도, 세월의 더깨가 낀 칠십 년을 어찌 허투루 지울 수 있으랴. 안 계신 어머니가 아직도 내 가슴에 자리하듯 큰 항아리의 추억은 오래오래 기억될 것이다.

올해도 찬바람 일면 경복궁 옹기전시회가 열리겠지.

말복(末伏)의 홍초(紅草)

땡볕 쨍쨍한 무더위에 매미소리도 잠잠해진 한낮, 토담 모퉁이 그늘마저도 뙤약볕에 내어주고 나니 공기놀이도 땅 따먹기도 더는 할 수 없었다. 여덟 살 계집아이는 시무룩한 얼굴로 치맛자락에 묻은 흙을 털며 토방으로 올라섰다. 바둑이도 마루 밑에서 배를 깔고 잠들어 있었다. 어디를 둘러봐도 놀아 줄 동무가 없었다. 한참을 마루 끝에 앉아 고개를 갸우뚱거리고 있더니 쪼르르 어머니한테 달려갔다. 그리고는 난데없이 닭곰(백숙)을 해 달라고 조르기 시작했다. 재봉틀을 돌리고 있던 어머니는 물끄러미 아이를 바라보더니 고개를 돌려 마당으로 눈길을 떨구었다.

복날에는 복달임으로 닭곰을 해 먹는 날이라고 아까 옆집

할아버지한테 들었다면서, 오늘은 말복이니 말띠인 내 날이 아니냐고, 그러니 어서 내게 맛있는 것을 해 줘야 한다고 떼를 썼다.

다음날 해질녘이었다. 어머니는 둥그런 쟁반을 툇마루에 놓고 부채질을 하고 있었다. 멀찌감치서 소꿉놀이를 하고 있던 아이는 어머니 음성을 듣고 쏜살같이 내달았다. 뜨거운 김이 모락모락 피어오르는 대접에는 약 병아리 반쪽이 담겨 있었다. 수저를 들다 말고 어머니를 올려다봤다.

"닭 고는 냄새가 바람 타고 옆집으로 가잖것냐. 그 댁 할머니 쬐금 드렸어야. 어서 먹어라. 어서."

그릇을 다 비우고서는 몇 밤을 자면 또 말복이 돌아오느냐고 어머니께 물었다. 6 · 25전쟁 다음 해였으니 50년도 훨씬 전 일이다.

초복이 가고 중복도 지나, 내일 모레가 말복(末伏)이라는 말을 들을 때면 어김없이 가슴이 싸해진다. 그리고는 그 여름날에 있었던 아린 기억을 가슴에서 꺼내본다.

어찌 마련해서 닭곰을 해 주셨는지 물어본 일 없이 어머니는 세상을 뜨셨다. 언니 오빠랑 둘러앉아 입맛이라도 다셨다면 자초지종을 들을 수 있었으련만, 나 혼자 먹었으니 짐작 가는 것도 없다.

곱상할 수 없는 딸내미. 성가시게 굴었어도 한 마디 나무람 없이 돌돌돌 미싱만 돌리시더니…. 그러다가 바느질감을 놓은 채 한참씩 마당가에 붉게 핀 홍초 무더기만 하염없이 내다보시던 눈길. 철들면서는 단 한 번도 어머니께 떼를 써 본 일이 없었다. 막막해 하시던 어머니 얼굴이 떠올라서였다. 해주고 싶어도 해줄 수 없는 어머니 마음을 헤아리게 된 것은 내가 어미 된 뒤였다.

수십 년이 지난 지금에도 닭곰을 앞에 놓을 때면, 내 얼굴을 두 손으로 감싸며 다음날 만들어 주겠다고 조용히 어르시던 그 한 마디, 귓가에 맴돈다.

어머니, 여름만 되면 철없이 굴었던 그 어린 날이 생각납니다.

말하는 달력

새해 달력을 받았다. 습관처럼 색연필을 가져와 동그라미 그릴 준비를 했다.

달력에 빨간 동그라미를 그리기 시작한 것은 결혼하면서부터였으니 사십여 년이 더 되었다. 해가 바뀌어 새 달력을 받으면 한 장 한 장 넘기며 집안 행사를 찾아서 빨간 동그라미를 그렸다. 그 중 시부모님 생신이 가장 중요한 연중 행사였다.

1월 첫 장을 펼치면 맨 먼저 빨간 글씨로 작게 쓰인 음력 날짜가 있다. 하나하나 짚어간다. 이즈음 달력에는 깨알같이 있던 그 날짜가 없어지고 1일, 15일, 두 번밖에 씌어 있지 않다.

음력 선달 스무 이렛날에 동그라미를 그렸다. 시어머님 생신날이다. 두 달 뒤인 이월 스무아흐레가 시아버님 생신날이다. 다시 빨간 동그라미를 그렸다. 그렇게 시작된 동그라미는 열두 장을 다 넘길 때까지 이어졌다. 크고 작은 시댁행사부터 우리 집 일들이다.

그렇게 12월까지 동그라미를 다 그렸지만 아무래도 아쉬움이 남는다. 음력 이월 초이렛날인 친정어머니 생신날이다. 분명히 시부모님처럼 빨간색으로 동그라미를 그렸건만 제대로 챙겨본 일이 없었다. 한 달 어간을 두고 시부모님 생신 중간에 끼었으니 월급쟁이 살림에 친정어머니 생신까지 챙기기가 쉽지 않았다. 다음에, 이다음에 해야지, 하고서 넘어갔다. 새삼 이 글을 쓰면서 그때 일을 돌이켜보니 가슴이 먹먹해온다. 크게 궁색한 살림이 아니었건만 남편에게 친정어머니 생신이라는 말을 하기가 왠지 쉽지 않았다. 그때 생각으로는 내가 아니어도 언니가 잘 하고 있다는 마음도 있어서였을 것이다.

핑곗거리가 없는 것은 아니다. 일구월심 막내딸 잘 살기만을 바라는 어머니는 항상 그러셨다.

"아가, 시댁 잘 섬기는 것이 어미에게 잘 하는 것이나 마찬가지여. 니 자식들 잘 되는 지름길이고, 알것어? 어미는 생각도 마라. 나는 니 언니가 다 알아서 챙겨 주니라."

그렇게 말씀하셨다. 나는 구구절절 어머니가 이르시는 말씀을 곧이곧대로 믿었다. 내가 잘 살면 그것이 당신의 기쁨이라고 하셨던 그 말씀이 지금도 생생하다.

눈에 잘 띄는 빨간색으로 달력에 표하는 것도 어머니의 생각이었다. 그렇게까지 색칠을 해서 표시를 했어도 못 미더운 우리 어머니는 시어른들 생신날 한 달여 전부터 카운트다운을 시작하셨다. 스무 날 남았다. 일주일 앞으로 왔다. 닷새 전이다. 녹음테이프 틀어 놓듯 어머니는 말하는 달력이었다. 새롭게 불어나는 동그라미도 있었다. 시댁이 지방에 있었으니 집안 간 대소사도 끊이지 않았고 동네 어른들 잔치도 있었다.

아이들이 생기면서는 일곱이레, 백일, 돌 그런 날을 챙기다보니 동그라미는 점점 많아졌다. 아이들이 넷이었으니 해가 바뀌고 달이 바뀌어도 빨간색 동그라미가 없는 달이 없었다. 지금 돌이켜보니 동그라미를 그리며 그 많은 세월을 보낸 것 같다.

아이들이 장성하여 혼인을 하고서는 사위들, 며느리, 손자들의 생일을 기억해야했다. 나이 탓인지 가느다란 색연필 동그라미는 눈에 잘 들지 않았다. 먼데서도 후딱 보기 위해서는 크레용으로 빨간 꽃을 커다랗게 그렸다. 홍매화 다섯 꽃잎을 빈틈없이 빨갛게 색을 칠했다. 빨간색 꽃들이 여기 저기 피어났다. 한 식구가 되려는 인연이었는지, 사위들 며느리까지도 봄철에 꽃을 피운다. 봄날에 피어난 어른들 꽃, 아이들 꽃들 그리고 새로운 꽃들이 가세했으니 꽃동산이 따로 없다. 그래선지 우리 집 홍매화는 철도 없다. 초여름을 지나 가을, 겨울까지도 화사하다. 꽃구경도 바쁘다.

어른들이 세상을 뜨셨어도 달력에 동그라미는 남는다. 기일을 잊지 않아야 하기 때문이다. 그런데 생신도 제대로 못 챙겼던 친정어머니는 기일마저도 달력에 표시할 일이 없어졌다. 오라버니가 어머니 추도예배를 드릴 때쯤이면 며칠 간격으로 카운트다운을 시작한다. 어머니 뒤를 이어 오라버니가 말하는 달력이 되었다.

어른들 잘 섬겨야 복을 받는다고 누누이 이르시던 어머니, 하늘나라에서 막내딸 빨간 동그라미 날들을 일러주고 싶어서 어찌 계시는지.

"아가, 네 시모님 생신이 돌아오지야."

어머니 그 목소리가 너무도 가깝게 들려온다.

어느 날 딸이 전화를 했다.

"내일 모레가 엄마 아빠 결혼기념일이에요."

아, 그랬던가. 또 어느 날은 아들이 전화를 해서 내 생일을 알렸다. 세월 탓일까. 이제는 빨간 동그라미 기억들을 놓치는 횟수가 늘어가고 있다. 언제부터인지 내 아이들이 말하는 달력이 되었다.

어머니의 비단방석

옷장 깊숙이 넣어 둔 보퉁이를 꺼낸다. 보자기를 풀고 빛바랜 낡은 방석을 들여다본다. 다 해진 비단 천을 어루만지며 '어머니-' 소리내어 불러본다.

우리들 집에서 흔히 볼 수 있는 네모진 방석이 아니다. 모서리가 여섯인 육각형 모양으로 색색의 꽃비단조각을 이어 만든 방석이다.

작은 손마디 두엇쯤 될까. 그런 크기의 정육각형 헝겊 하나에 다른 여섯 조각을 맞물려서 꽃 모양으로 이어 붙였다. 노란 수술을 상징하는 꽃 한 송이를 중심으로 모서리마다 활짝 핀 여섯 송이의 꽃이 육각형의 평면에 화사하게 모자이크되었다. 가장자리와 바탕은 푸른색으로 이파리를 나타냈으니 꽃잎과 수술 그리고 잎새, 방석 하나에 우주를 그리고 있다.

어머니가 그 비단방석을 마름질할 때의 나이는 예순하나였다. 돋보기를 끼고 손바느질로 한 땀 한 땀 바늘을 옮겼다. 손쉬운 재봉틀 박음질을 어찌 모를까. 손바느질을 해야만 여섯 모서리가 반듯하다면서, 행여 어느 한 곳 울기라도 하는지 이리 대보고 저리 맞추며 하루해가 저물었다.

백여 조각이 넘는 헝겊조각들, 수백 개의 면과 면을 낱낱이 포개어 꿰맸을 터이니, 바늘 끝도 수만 번 들고났을 것이다. 그때마다 막내딸을 위해 얼마나 많은 기원을 하셨을까. 오랜 시간이 흘렀는데도 그때 모습이 어제런 듯 눈에 선하다.

자투리나 헝겊조각들 그리고 가윗밥까지, 수십 년 갈무리했던 것을 인두질로 구김살을 펴고 마분지 육각형으로 본을 뜨고, 그런 뒤 물색 천 하나하나 본을 따라 가위질을 하셨다. 그러면 알록달록한 꽃천 조각들이 어머니 치맛자락에 꽃잎처럼 내려앉는다.

가끔씩은 가위질로 벤 천의 푸슭이 풀리지 않게 드문드문 감침을 하셨다. 한 올이라도 틀어지면 여섯 모서리가 곱지 않다면서, 비단 한 올에 막내딸의 앞날이 매여 있는 듯 그렇게 정성을 기울이셨다. 허튼 말씀도 매무새 흐트러짐도 없이, 성경을 읽고 기도드릴 때처럼 올곧은 마음을 들여야만 딸이 잘 살 것으로 여겼을 것이었다.

바늘이 굵으면 솔기의 올이 풀릴 것이라면서 수(繡)바늘로 홈질을 하셨다. 그 홈질이 끝나면 맞물린 솔기를 펴서 인두판 위에 얹고 화롯불에서 데운 인두로 맞물린 솔기를 펴거나, 꺾임선을 따라 인두질을 하셨다. 불과 2센티미터 길이의 수바늘로, 그 바늘 길이만큼밖에 아니 되는 천조각을 잇고 또 이었으니 그 어려움이 얼마나 컸을까. 내가 도울 수 있었던 것은 고작 그 작은 바늘귀에 가느다란 명주실을 꿰어드리는 일뿐이었다.

색색깔의 비단조각들은 하루가 다르게 어머니 손끝에서 꽃으로 푸른 잎새로 피어났다. 상자 안에 담겨 있을 때는 한갓 허접이더니, 어머니 손끝으로 매만지고 나니 모양새가 바른 육각형의 공예품이 되었다. 다시 낱낱의 조각들을 꿰맸을 때는 자투리 조각이 아닌 수공예품이었으며 아름다운 예술품으로 바뀌었다.

그 이전에도 어머니는 비단방석을 만드셨다. 첫 번째는 언니 혼사 때였다. 또 한 번은 언니의 혼수를 본 어머니 친구 분이, 가깝게 지내는 선교사에게 선물하고 싶다고 간청했을 때였다. 그리고 세 번째는 막내딸인 나를 위해서였다.

석 달 동안 지극 정성으로, 그렇듯 공들여 만든 그 소중함을 철없는 새색시는 어찌 건사해야 되는지 알지 못했다. 누가 와서 곱다고 칭찬할 때면 그저 어깨만 으쓱거릴 뿐이었다. 단칸방에 살면서도, 아이들이 커날 때도, 늘상 윗목에 놓여 있는 방석이었으며 아이들 낮잠 재울 때 베개로 쓰이기도 했다.

셋째가 초등학교에 들어갈 때쯤 가구를 새로 들여놨다. 낡은 줄 모르고 지냈던 그 비단방석이 신식 가구에 얹혀 있으니 볼품이 없었다. 비단은 닳아서 여기저기 이음새 자리만 남고, 안감이 삐죽이 내비쳤다. 때마침 들른 어머니는 큼직한 소파에 놓인 그 비단방석을 물끄러미 바라다보시었다. 그리고선 그 위에서 낮잠 든 넷째를 고쳐 뉘다가, 해진 방석을 만지작만지작하시었다.

"집안에 새 물건이 들어오니 한결 환하구나."

그 말끝에

"이렇게 험하게 썼냐. 에미 눈 어두워 어렵게 만든 것을…."

말을 끝낸 어머니는 멍하니 창밖으로 눈길을 보내셨다.

그날 어머니 그 말씀은 딸의 무심을 일깨워 주셨다. 그때는 벌써 칠십 중반을 넘긴 연세였으니, 어머니 손에서만 해도 수십 년 넘게 거두었던 모본단 헝겊을 함부로 굴렸으니 닳아져 해질 것은 당연한 일. 어찌 그 이치를 깨닫지 못했을까.

이제 해진 비단 천을 바늘로 꿰맬 수도 없고 기움질을 할 수도 없어 그냥 들여다본다. 그리고 허름해진 그 방석을 가슴에 안아본다. 두툼하게 채운 솜이었는데도 40여 년을 지나고 보니 숨이 죽어 얄팍해졌다. 어머니가 세상 뜨실 무렵 아주 작아진 몸집이더니 꼭 그때 그 모습 같다.

어머니는 그때 비단방석에 솜을 채울 때도 소복하게 부풀지 않자, 작은 솜싸개를 여러 개 만들어서 모서리마다 빈자리를 채웠다. 그제야 가운데가 부풀어 도톰하고 팽팽해서 푹신한 방석이 되었다.

구석진 빈 귀퉁이에 볼품없이 채워 넣은 그 작은 뭉치, 크게 돋보이지 않으면서 있는 듯 없는 듯 그렇게 계셨던 어머니. 너무 작아 환하게 비쳐줌도 없지만, 내게만 비쳐오던 그 밝음으로 계셨던 어머니.

어쩌면 비단조각 하나하나의 개체가 또 하나의 조각을 이어 붙이면, 둘이 되고 셋이 되어 꽃잎과 이파리의 형태를 이루듯, 서로 보완을 하며 어울려야만 삶의 조화가 이루어질 수 있음을 어머니는 알고 계셨으리라.

힘든 삶의 여정을 한 땀 한 땀 바늘로 꿰매시며 사신 어머니. 오늘도 해진 비단방석을 만져보며 애써 잊었던 가슴이 아슴아슴 저며 온다.

어머니의 안약 반 방울

백내장 수술을 한 후 하루 서너 차례 안약을 넣고 있다. 안구가 젖을 정도로 한 방울만 떨어뜨리면 좋을 것을, 그 가늠을 못해서 매번 너무 많이 점안을 하게 된다. 눈에 고인 안약이 넘쳐흘러 얼굴을 적실 때면 가슴 한편이 싸해진다. 지금은 안 계신 어머니 모습이 떠올라서다.

어머니는 노후에 안과질환인 녹내장을 앓으셨다. 녹내장은 눈 속의 압력인 안압이 높아지면서 시신경이 손상을 입게 되고 나중에는 시력을 잃을 수 있는 질환이다. 의학이 발달한 요즘에야 쉽게 약물치료를 받을 수 있지만 1950년대 그 즈음에는 병명도 낯설었다. 별 치료방법도 없었을 뿐더러 먹을거리도 물자도 귀했던 궁핍한 시절이었으니 병원에 가도 약을 구할 수가 없었다.

어떻게 손이 닿아 찾아간 곳이 서울 을지로에 있는 메디컬센터였다. 지금은 국립의료원으로 불리지만, 6·25전쟁 후 외국 원조로 운영되던 병원이었다. 다국적 의료진이 진료를 하고 있어 시중에서 구할 수 없는 의약품들이 그 병원에는 있다고 했다.

다행스럽게 진료는 마쳤지만 다른 걱정이 생겼다. 우리가 전주에서 살고 있었으니 하룻길인 서울은 멀고도 먼 길이었다. 지금은 어디서나 맘만 먹으면 서울을 한나절이면 오갈 수 있지만, 그 시절의 서울 나들이는 여간한 일 아니고는 엄두도 낼 수 없었다. 약값도 수월찮았지만 더 큰 일은 서울에서 약을 사 오는 일이었다.

담당의사는 하루 두세 차례 점안을 하면 약 한 병으로 두어 달 쓸 수 있다고 했다. 그러나 어머니는 그 지시를 어기지 않는데도 어떻게 된 일인지 훨씬 오래 쓰고 계셨다. 그 까닭을 알기까지는 한참 지나서였다.

어느 날인가, 안압이 올라 머리가 많이 아프다면서 내게 약을 넣어달라고 하신 때가 있었다. 매사에 조심성이 있다고 막내딸인 나를 고이셨는데, 그날은 어머니를 안타깝게 해드리고 말았다. 약병을 들고 조심스럽게 어머니 눈에 한 방울 떨어뜨렸는데 어머니는 그만 소스라치게 놀라셨다.

"이걸 어쩌끄나. 이 아까운 약을 어쩌끄나."

눈가로 흘러내리는 안약을 손바닥으로 받아내기라도 하듯, 어쩔 줄 몰라 하셨다. 내가 떨어뜨리는 한 방울과 어머니의 한 방울은 큰 차이가 있었던 것이다. 다른 사람에게는 '한 방울 정도'의 허실이지만 어머니에게는 그게 아니었다.

어머니는 안약 병을 눈 가까이에 대고 집게손가락으로 안약 병 바닥을 조심스럽게 살짝 두드리셨다. 그러면 마지못해 안약 한 방울이 밀려나오듯 간신히 눈으로 떨어졌다. 그 양은 내가 떨어뜨리는 한 방울의 반에 반쯤 되어 보였다. 그리고선 두어 번 눈을 깜박거리면 눈 가장자리에 물기도 묻어나지 않았다.

그날 어머니 하신 말씀이 아직도 내 깊은 곳에 남아 있다. 약 한 병을 구하기 위해 얼마나 애를 썼느냐. 또 그 약을 가져다가 소포로 보내주는 손길이 어디 쉽더냐. 그리고 그 약을 못 구해서 실명을 하는 이들이 얼마나 많으냐. 내가 함부로 쓰면 다른 사람이 쓸 수가 없고, 내가 아껴야 한 사람이라도 더 나눠 쓸 수 있지 않겠느냐.

그 약값 때문이거나 매번 약 심부름 해 주는 이에게 미안해서 그렇게 아끼시는 줄 알았지 그 깊은 속마음을 어찌 짐작할 수 있었으랴. 그날 이후 어머니는 여간해서 내게 안약을 넣어달라고 하지 않으셨다.

오랜 세월 지나다보니 약을 사는 것도 수월해졌고 약값도 저렴해졌다. 어머니는 한결같이 그때 그 마음 그대로였다. 세상 뜨실 때까지 안약 반 방울로 눈을 깜박거려 안구를 젖어들게 할 뿐, 눈가로 흘러넘치는 일이 없으셨다.

지금이야 안약 병이 플라스틱 재질이어서 손가락으로 슬쩍 누르기만 해도 한두 방울 적당량을 조절할 수 있다. 그렇긴 해도 가끔씩은 주르르 쏟아져 내리는 때가 어디 한두 번이던가. 유리병이었던 그 시절에 어찌 가늠하여 반 망울만 떨어지게 하셨을까. 그렇게 아껴 써도 안약 병 바닥이 드러날 즈음이면,

"야아, 약을 가져와야 겠어야…."

어렵게 말을 꺼내시더니 안약 반 방울을 아끼기 위해 모든 촉각을 곤두세웠을 어머니. 지금도 그날의 정경이 떠올라 애잔함으로 고즈넉해진다.

오늘따라 눈에 흥건하게 고인 안약이 주루룩 두 볼을 타고 흐른다. 닦아도 그치지 않고 흘러내린다. 어찌 안약 때문만이랴.

첫눈

점심을 먹고 가겠다던 딸아이는 또 가기 싫은 눈치다. 하루하루 미루어 온 것이 그렁저렁 열흘이 넘는다. 아침이 오면 찻길이 한산한 저녁에 가겠다 하고, 저녁이 되면 길이 미끄러우니 다음날 가겠다 한다. 오늘은 크리스마스 트리 장식을 끝낼 참이라더니, 그 일을 마쳐 놓고도 뭉그적거린다.

안 되겠다 싶어 내가 서둘렀다. 흐트러진 옷가지를 챙기고 쓰던 것들을 가방에 넣었다. 며칠 전부터 만들어 냉동시켰던 찌갯거리도 꺼내 놓고, 가자마자 금방이라도 먹을 수 있는 몇 가지는 따로 그릇에 담았다. 보자기에 싼 반찬그릇을 본 딸아이는 그제서야 일어나 신발장을 연다. 곁에서 어정쩡하게 서 있던 사위가 가방을 받아들고 앞장을 선다.

현관을 나서니 마침 내려오던 승강기가 우리 앞에서 멎는다. 어서 타라며 들여보냈다. 눈을 마주치지 않으려고 시선을 떨구니 왈칵 목이 메인다. 엉겁결에 승강기 단추를 눌렀다. 스르르 문이 닫힌다. 덜컥 하고 내려가는 찰나에 가슴에선 뜨거운 것이 치민다.

현관문을 닫고 거실에 올라서니 휑뎅그렁 어지럽다. 딸아이가 있었다고 해야 제 방에 누워 지냈을 뿐인데, 그 아이가 뜨고 나니 갑자기 빈집처럼 허허롭다. 탁자 위에 놓인 알람시계 초침 소리가 바늘 끝이 되어 가슴을 찌른다.

반찬거리를 담고 옷가지를 챙길 때만 해도, 지금 같지는 않았다. 그저 가슴이 시리기만 했다. 너무 서둘러 보낸 것은 아닐까? 다시 부를까? 그 자문이 구원이라도 될 것처럼 잰걸음으로 다용도실 창문을 열었다. 딸아이가 내려가고 있음 직한 곳을 더듬었다. 바로 거기, 뒷마당을 지나 전나무가 서 있는 내리막을 가고 있다. 사위는 뒤쪽을 쳐다보며 걷는다. 몇 차례 그러는 것을 보자, 나도 모르게 손을 들어 흔들었다.

사위는 짐을 모아 들고 빈 쪽 팔을 번쩍 들어 보인다. 옆으로 머리를 돌리는 것 같더니, 그때까지 고개를 떨군 채 걸어가던 딸아이가 내 쪽을 바라보며 발길을 멈춘다. 그리고는 둘이서 연신 손사래를 친다.

걸어가는 두 아이 모습이 흐릿하게 뭉개지면서 세 사람 네 사람으로 보인다. 비탈진 굽이를 내려 모퉁이를 막 돌아설 때 빨간 코트 자락이 잠깐 펄럭이는가 싶더니, 이내 시계에서 사라진다. 그 애들의 손짓이 허공에 남아 있으려니 눈길을 드는데, 앞을 막아선 이웃 동(棟) 위에는 눈구름이 잿빛으로 내려앉는다.

딸아이가 시집가던 날이 작년 이맘때다. 새신랑이 튼실해서 딸아이를 보내는 아쉬움이나 섭섭함은 털끝만큼도 없었다.

자그마하나마 전세 아파트에 살림을 옮기고, 여행에서 돌아와 먹게 될 음식을 만들어 나를 때도 발걸음은 가볍기만 했다. 햇살 가득 고인 발코니에는 오롱조롱 꽃들이 방긋거렸다. 화분에 심긴 벤자민은 푸르러 잎새마다 스치는 모차르트 선율이 집안 가득 넘쳤다.

내 집 마련의 꿈을 키우며 쉼 없이 맞일하는 두 사람의 빈집은 언제 문을 열어도 깔끔했다. 서둘러 아이를 가져야 될 나이니 일터를 그만두는 것이 좋잖겠느냐고 말했다. 그렇게 하겠다고 대답한 며칠 뒤에 난데없는 재난이 딸애를 덮쳤다.

아침상을 준비하고 있는데, 때 아니게 병원에서 전화가

걸려왔다. 아무개가 교통사고를 당해 병원에 와 있으니 빨리 오라는 것이다. 숨 가쁘게 달려갔더니 딸애는 벌써 방사선실에 들어가 있었다.

한참 후 간이 콩알만 해진 내 앞에 그 아이는 이동침대에 실려 나왔다.

남편을 먼저 출근시키고 대충 설거지 끝내고 나니 늦어졌단다. 바삐 택시를 잡아타고 골목을 나오는데, 갑자기 옆길에서 튀어나온 승용차에 받혔다는 것이다.

사진 상으로는 크게 다친 데가 없다는데, 우선 허리를 못 쓰고 받힌 쪽 다리를 짚지 못한다. 밥 먹고 화장실 가는 외에는 잠잘 때까지도 무거운 추(錘)를 매달고 있어야 했다.

특별한 외상이 없기로 쉬 일어나려니 수월케 생각했는데, 몇 주가 지나도록 차도가 보이지 않는다. 날씨는 더워오고 집 식구들이 드나들기도 힘들고 불편하다. 장기치료에 대비해야 될 것 같았다. 숙고한 끝에 병원에서 쓰던 물리치료 기구를 그 애가 쓰던 방에 설치하고 집에 데려다 놓았다. 두 달 반의 지루한 나날이 이어졌다.

그렇게 여름 내내 크게 좋아지지 않더니, 소슬바람이 일면서는 그 아이 입가에 웃음이 피기 시작했다. 은행나무가 노랗게 물들고, 뒷마당 꽃사과나무는 올 들어 열매가 다닥다닥 잇꽃처럼 매달렸다. 붉게 익는 그 열매를 보고서는 빨간색 코트를 입고 싶다면서 가까스로 기동하게끔 되었다. 새 옷을 입어보고 립스틱을 칠해보며 이 방 저 방 기웃거려본다. 전에 없이 얼굴에 생기가 돌고 환하다. 그런 모습을 지켜보는 내 마음은 두둥실 구름 위에서 노닌다. 신발장에서 하이힐을 꺼내 신고 몇 걸음 옮겨 딛다가는 그만 풀썩 주저앉는다. 힘에 부친 모양이다. 구두를 벗어던지고 우두커니 창밖을 내다본다. 딸아이 눈가에 짙은 그늘이 서리니 내 마음에도 먹물이 고인다.

제 방으로 들어가 TV를 켠다. 한 무리의 젊은이들이 왁자지껄 떠들며 설원에서 스키를 타는 장면이 확대된다. 저도 어쩔 수 없는가, 스위치를 눌러 끄고 침대에 가서 누워버린다. 희망과 좌절이 반반씩 대거리로 교차된다.

아이 넷을 두어 어느 하나 마음 밖으로 내치지 않았건만, 그 애는 항시 내 가슴 명치끝에 있다. 맏이어서 그럴까, 여린 순 같아서 그럴까. 나이가 들어서 세상 먼지도 묻었을 법한데 여전히 순하기만 하다. 어려서부터 여낙낙하여 큰 어려움은 겪지 않았지만, 그것이 되레 실팍하지 못한 연연함으로 처졌다.

조금 우선해지면서는 내가 더 안달했다. 일단은 출가한 몸이다. 6개월이 넘게 병구완을 하는 동안 출퇴근길이 멀어 고생한 사위. 아무리 편하게 있으랬지만 제 집만 하랴 싶은 생각에, 어서 너희 집으로 가거라고 다그치는 심정이 되었다. 결혼할 때 등을 떼밀어 보낸 에미가, 또 지금은 덜 나은 아이를 마구 내몰아야 하는 에미가 될밖에 없다니…. 그런 것들이 나를 죄스럽게 만들고, 서럽게 만든다.

닫혀 있는 딸아이 방문을 열었다. 여느 때와 똑같다. 방이 어두워 낮에도 늘 켜 두는 침대 머리 작은 등이 꺼진 것 외에는. 책상 위의 볼펜, 좀 전까지 만지작거리던 음악 테이프와 CD, 로션, 쓰고 갈까 머뭇거리다 두고 간 모자, 읽던 책 등. 카세트라디오는 불이 들어와 있는 채다.

이불자락을 젖혔다. 아직 따뜻하다. 베개 대신 베고 있던 얇은 방석은 가운데가 꺼져 있고 장신구마냥 허리에 매달고 지내던 쇳덩어리 추는 발치에 길게 늘어뜨려져 있다.

다시 창가에 섰다. 어느새 눈발이 날린다. 올해 첫눈이다. 우리 딸애만한 여인이 어린애를 유모차에 태워서 밀고 가는 모습이 보인다.

아, 꽃을 사러 가야 되겠다. 내일이 바로 우리 아이들이 첫 번째 맞는 결혼기념일이다.

2부
핑크리본

핑크리본

시청 앞 광장을 TV화면으로 보고 있었다. 무슨 일일까, 경축일은 아닌 듯싶은데…. 핑크빛 조명으로 물든 광장은 마치 포근한 엄마 품속처럼 따뜻해 보였다. 현장에서 마이크를 들고 서 있는 리포터가 클로즈업되면서 궁금했던 실마리가 풀리기 시작했다. 유방암 예방의 달인 10월을 맞아 여성의 생명과 아름다움을 암으로부터 지키자는 '핑크리본 캠페인'을 벌이고 있는 것이었다.

캠페인의 시작은 1991년 미국 에스티로더 화장품회사의 부사장이던 에블린 로더가 유방암에 걸리면서부터였다. 암에 대한 인식을 높이고 조기 검진의 중요성을 알리자는 생각을 했고, 그것이 국제적인 운동으로 확대되었다.

'핑크리본'의 유래는 여성의 아름다움과 건강, 가슴의 자유를 뜻한다. 가슴을 꼭 죄는 브래지어 대신에 실크 손수건 두 장을 엮어 만든 핑크 리본으로 가슴을 감싸는 '핑크리본 브라'를 착안한 데서 비롯된다. 그런 의미에서 유방암 퇴치를 상징하는 핑크빛 불이 10월 10일부터 세계 40개국 100여 개의 도시에서 동시에 불을 밝히며 다양한 행사가 펼쳐진다고 한다.

우리나라에서도 유방암 증가 속도는 세계 평균의 20배다. 유례없는 그 숫자에 경각심을 일깨우기 위해 올해부터 큰 행사로 펼치고 있단다.

핑크색깔, 여성이라면 그 빛깔을 좋아하지 않을 사람은 거의 없을 것이다. 곱디고운 그 빛깔을 바라보고 있으니 가슴이 싸해진다. 영주씨가 생각나서다. 생각난 김에 얼른 영주씨에게 다이얼을 돌렸다. 신호만 갈 뿐 응답이 없었다.

영주씨는 지난해 6월 7일 병원에서 만났다. 나는 그날 오후 2시에 수술이 예정되어 있었고, 수술 4시간 전에 한 번 더 거쳐야 할 검사가 있어서 검사 대기실에서 차례를 기다리는 중이었다.

수없이 검사를 했건만 무슨 검사를 또 하려는지 가슴이 두근거렸다. 오후에 있을 수술에 대한 불안과 당장 받게 될 검사는 어떤 종류의 것인지 심란하기만 했다. 가슴만 뛰는 게 아니었다. 몸이 떨리기까지 했다. 검사실 냉방이 차다는 것을 알고 있었기에 두터운 털 스웨터까지 걸쳤어도 오들오들 떨리는 것은 마찬가지였다. 가까스로 떨리는 것을 진정시키고 있을 때 젊은 남녀가 내 옆으로 와서 앉았다. 무엇이 그리도 좋은지 주거니 받거니 재미지기도 했다.

환자복만 아니었으면 금방 나들이라도 나갈 것 같은 밝고 활달한 모습이었다. 많은 시선들이 그 젊은이들에게 쏠렸다. 부러움의 눈길들이었다. 나도 그랬다.

대기실에 앉아 있는 환자들 거의가 수술시간을 앞두고 있어서 하나같이 염려와 근심으로 어두운 표정들이다. 심란하기는 너나 할 것 없이 비슷한지 의자에 앉아 기다리는 모습들이 크게 다르지 않았다. 초조한 마음은 한결같아 얘길 나누거나, 입가에 웃음을 짓는 사람도 드물었다. 그냥 우두커니 앉아 있을 뿐이었다. 어쩌다가 옆에 앉은 보호자가 무료함을 달래고 싶어 그러는지 환자에게 얘기라도 할라치면 건성으로 듣는 둥 마는 둥 그랬다. 그저 자기 이름을 언제쯤 부르려나, 이땐가 저땐가 귀를 쫑긋 세우고 눈길은 검사실에서 얼굴을 내밀 간호사를 기다리고 있었다. 겉으로 속내가 보이지 아니해도 속으로는 어서 지겨운 검사를 끝내고 병실로 가서 잠시라도 쉬고 싶은 마음일 것이라는 내 생각과 크게 다르지 않을 것이다.

나는 주기도문을 내내 외우고 있는데도 순간순간 수술시간이 다가오고 있다는 불안감을 떨치지 못했다.

살아오면서 다섯 번이나 수술실에 들락거렸고 이번으로 여섯 번째다. 문리도 텄으련만 숫자가 더할수록 두려움만 더해간다. 세상사는 경험이 쌓일수록 의젓해진다는데 병력은 그렇지 않은가 보다.

그렇게 의자에 앉아 있던 환자들은 하나 둘씩 자리를 비우고 그 자리에 다른 사람들이 와서 앉았다. 새로 들어와 의자에 앉는 사람들도 그 젊은이들한테 시선을 보내고 있었다. 어찌 보면 부부 같기도 하고 연인 사이 같기도 했다. 마주 잡은 손을 놓지도 않고 깔깔거리며 얘기를 나누고 있었다. 누구도 입을 여는 사람 없이 무거운 분위기에서 그들은 다른 나라에서 온 사람들 같기도 했다.

그 젊은이들은 반팔을 입고도 덥다고 부채질을 연신 해대고 있었다. 나는 그 옆에 더 있을 수가 없어서 자리를 옮기려고 일어섰다. 일어서는 나를 본 젊은이는 왜 그러냐고 묻더니 부채를 거두고는 다시 앉으시라고 했다. 그때 뒷자리에 있던 아주머니가 그 젊은이에게 말을 걸었다.

"아가씨도 오늘 수술하우?" "예. 유방암수술예요. 4시에 한대요."

"처녀가 본데…."

"결혼했어요."

옆에서 내내 부채질을 하고 있던 사람이 신랑이었다. 얘기를 듣다보니 내가 있는 병실에서 조금 떨어진 병실이었다. 지방에서 올라왔다는 얘기도 했다.

조금 지나서 검사를 마치고 나는 병실로 돌아왔다.

수술이 끝나고 이틀 뒤였던가. 운동삼아 걸어야 된다는 말을 듣고 젊은이가 궁금해서 그의 병실을 찾아갔다. 침대 머리에 있는 이름표에 '박영주' 라고 씌어 있었다.

영주씨는 멍하니 천장만 바라보고 있었다. 한참 시간이 지나도 영주씨는 그대로였다. 옆 침대의 환자가 "아, 새댁 손님 오셨어."라고 소리쳤다. 그제야 고개를 내 쪽으로 돌렸다. 웃음기라고는 찾을 수가 없었다. 활달하던 기색도 보이지 않았다. 핼쓱했다. 신랑도 보호자용 긴 의자에 누워서 자고 있었다. 그 머리맡에는 먹다 남은 김밥 몇 개가 플라스틱 접시에 담겨 있었다. 보내주신 케이크 잘 먹었다면서 영주 씨는 마지못해 일어나 앉았다.

전날 식구들이 가져온 케이크와 과일을 보내줬는데 그 인사였다. 지방에서 올라와 있으니 보호자 끼니나 간식이 여의치 않을 것 같아서 마음이 쓰였다.

수술 경과는 어떠냐고 물었다. 대답 대신 창밖으로 시선을 옮기었다. 한숨소리에 가슴이 철렁했다. 그때 검사실 앞 의자에서 3기암이라고 들었던 말이 떠올랐다. 그렇긴 해도 아직 젊고 건강해서 큰 걱정은 없으려니 싶었다. 성격 또한 세상 염려 앞질러 하는 것 같지 않게 느긋한 듯해서 괜찮으련 했는데 그게 아닌 모양이었다.

"회복실에서 깨어나자마자 후다닥 가슴부터 만져봤어요. 그랬더니 두툼하게 가슴을 감싸고 있어서 아, 남아 있구나. 살았다. 그러고는 마음이 놓였어요. 남편 얼굴이 떠올랐어요. 안심을 했지요."

"……."

"병실에 와서도 몇 번씩이나 가슴을 더듬었어요. 밤새 통증이 있어도 참을 만했어요. 아, 이제 됐구나, 나는 좋아하는데 우리 남편은 아무 말을 안 하는 거예요. 왜 저렇게 화가 났나 했어요."

담담하게 말을 잇던 영주씨는 하던 말을 멈추고서 멀거니 천장을 올려다보았다. 한참을 그렇게 있더니,

"어제 주치의가 왔어요. 수술 부위 드레싱을 해야 된다면서 붕대를 풀었어요. 세상에 내 가슴이 없어진 거예요. 아무것도 없어요. 어떻게 그럴 수가 있어요. 다시 붙여 달라고 사정을 했어요. 안 된대요."

눈물방울이 뚝뚝 떨어졌다. 마침 잠에서 깬 신랑이 내게 인사를 건네고는 휑하니 나가버렸다. 수술 전에 담당의사한테서 절제를 할 것이라고 얘기는 들었지만 설마, 하는 맘이었단다.

"혹시 부분절제려니 싶었지요. 행여나 싶었는데…."

"……."

수술이 끝난 다음에는 수술 자리를 보호하느라 석회로 만들어진 두툼하고 둥그스름한 모형을 상처가 아물 때까지 싸매고 있다. 그랬으니 겉으로 봐서는 자신의 가슴이 남아 있다고 생각했을 것이다. 혹시나 잘 되겠지 싶었는데 당혹스러웠다. 무슨 말이 위로가 될까.

"건강이 더 소중하다고 생각하셨을 거예요. 의사 선생님께서는."

그녀의 손을 잡고서 멍하니 있었다. 뭐라고 한 마디 더 해

야 될 것인데 무슨 말도 떠오르지 않았다. 그러다가 애들은 몇이나 됐냐고, 말끝을 맺기도 전에 울음을 터트렸다. 애들 크는 것 바라보면서 살아가자고, 그 말을 하려던 참이었는데 그만 안 할 말을 했던가 보았다.

"결혼 5년인데 애도 없어요. 이젠 애도 낳을 수 없대요."

엉거주춤 서 있던 나는 영주씨를 감싸안았다. 그렇게 끌어안고서는 나도 모르게 소리내어 울고 있었다. 내 일이 아니라고, 이런 일이 안 닥친다고 누가 장담할 수 있으랴. 얼마 동안이나 그렇게 울었던지, 누군가 우리들 어깨에 팔을 두르고 섧게 흐느끼고 있음을 알기까지는 한참 뒤였다. 그 흐느낌은 격해지고 애끊는 통곡으로 이어져 그칠 줄 몰랐다. 40대 후반의 그 부인은 오른쪽 가슴을 들어냈다는, 영주씨와 같은 방에 있는 환자였다. 그분의 설움까지 가세해서 그날 영주씨의 병실은 온통 울음바다가 되었다. 영문을 모르는 간호사실에서는 놀래서 달려오기까지 했다. 다른 환자들도 안쓰러운 마음은 같은지 붉어진 눈으로 돌아다보고 있었다. 소리를 내지 않았을 뿐 그들도 휴지로 눈가를 닦으며 혀를 차고 있었다.

'나이 서른인데…. 우리 막내보다도 한참 어린 나이인데 어찌할까.' 라고밖에 아무 생각이 떠오르지 않았다. 소리 없이 흐르는 눈물을 닦을 새도 없이 그렇게 붙들고만 있었다. 무슨 말이 위로가 되리. 남이긴 한데 남의 일 같지가 않았다. 가슴이 미어졌다. 내 살붙이 같았다. 나이만 들었지 말주변도 없는 내가 어떤 말을 해야 그의 귀에 들릴 것이며, 그 큰 아픔을 달랠 수 있을까 막막했다.

할 수 있는 일이라고는 하루 두세 번씩 먹을 것 들고 찾아가서 같이 나눠 먹거나 우두커니 앉아 있다가 손을 잡아주고 올 때도 있고, 가끔씩은 그가 하는 이야기를 듣고 있을 뿐이었다. 제일 만만하게 할 수 있는 것이라고는 그가 눈물 짓고 있을 때 함께 울고 있는 것이 고작이었다. 그렇게 돌아서 나올 때마다 무력한 자신을 탓하면서 그런 생각을 했다. 내 한쪽 가슴을 마음대로 떼고 붙일 수만 있다면 영주씨에게 주고 싶다고. 하지만 천지에 내 힘으로 할 수 있는 게 어디 있을까.

하루는 나를 간병하고 있는 아주머니가 한 마디 거들었다. 간병인을 불러다 놓고 간병을 받아야 할 환자가 다른 사람을 돌보고 있으니 자기는 온종일 누구를 돌보라는 사람이냐고 했다. '자꾸 움직여야 회복이 쉽다고 해서 그렇지요.' 라고 어물쩍 넘겼지만 틀린 말은 아니다. 퇴원할 때까지면 길어야 열흘 정도일 텐데 영주씨에게 작으나마 도움이 된다면 더 바랄 게 있을까. 집에 가면 얼마든지 쉴 수 있으려니 싶었다.

하루하루 지나도 영주씨 생각을 떨쳐버릴 수 없었다. 마음속 가득 차지하고 있었다. 생각 끝에 하루는 미국에 거주하는 어느 내과의사가 쓴 신앙 간증 서적 한 권을 가져다주었다. 부피도 얇고 누가 봐도 거부감 없이 쉽고 재미있게 읽을 수 있는 내용이었다. 선뜻 받아들였다. 부부가 함께 읽었다고 했다. 다른 책을 더 줄 터이니 읽을 수 있겠느냐고 물었더니 그러겠다고 했다. 집에 있는 책 몇 권을 더 가져오도록 했다. 때마침 다니러 온 딸에게 책을 전하라고 했다. 영주씨에게 다녀온 딸이 조금은 놀라서 전하는 말은 이러했다.

내가 수술실에 들어간 후 수술실 밖에서 기다리고 있었단다. 그때 갑자기 대기실에서 엉엉 우는 소리가 들려서 으레 있는 일이겠지 하면서도 자신도 눈물이 나서 훔치고 있었단다. 조금 지나자 더 큰 울음소리가 들렸다. 수술실에 들여보내야 한다고 채근하는 간호사들과 영주씨 침대를 붙잡고 놓지 않는 남편과 한동안 실랑이가 벌어졌단다. 영주씨가 누운 침대를 끌고 가는 간호사 뒤에서 그 남편은 오랫동안 통곡을 하더라는 얘기였다. 그날의 일을 전하던 딸아이는 그때 생각이 나선지 눈가에 물기가 고였다. 그 바람에 그날 수술 대기실에서 기다리던 환자나 보호자들 모두가 침통했다는 전언이었다.

그렁저렁 오가면서 영주씨 부부와 친해졌다. 우리 남편이 들르는 날에는 영주씨네 신랑과 함께 위층 식당으로 가서 따뜻한 국밥 한 그릇이라도 나누게 했다.

퇴원 날이 가까워졌다. 영주씨는 내게 이런 말을 했다.

"우리가 아주머니네보다 더 먹을 게 많이 쌓였어요. 우리 방 환자들과 나눠 먹어도 남아요. 이제 우리한테 그만 주세요."

아무래도 우리 방에는 오가는 식구들이 많다보니 들고 오는 것도 여러 가지여서 그때마다 영주씨에게 절반씩을 나눠 주는 게 내가 할 수 있는 일이었다. 지방에서 왔으니 아쉬운 게 한두 가지가 아닐 것이며 끼니 때 김밥 한 줄보다는 나을 성싶었다.

차츰 마음도 트게 되었다. 영주씨는 집 근처에서 작은 유아복 가게를 운영하고 있었다. 돈벌이보다는 시간을 메우고 싶고, 아기를 안고 오는 엄마들을 보면 좋아 보이고, 그 아기들을 많이 만나다보면 부러운 마음에 자기한테도 아이가 생길 것 같았다는 것이다.

신랑은 고깃배가 있어서 가끔 배를 타고 나간단다. 다행히 가게를 들르는 손님 가운데 보험설계사가 있어서 그분의 권고를 거절하지 못해 암보험을 붓고 있었다. 두 가지를 불입했기에 상당한 액수의 보험금을 받을 수 있었다. 초기 암이었으면 병원비도 안 되는 액수일 텐데 가슴을 들어낸 상태여서 제법 많은 액수였다. 말하기로는 간간이 "다행이죠." 그러다가도 "보험료 받으면 뭘 해요." 그렇게 말을 할 때면 얼굴에 금방 그늘이 졌다. 생활비 걱정은 덜었으니 한 일 년은 남편이 일을 안 나가고 자기만을 돌보겠다고 했으니, 앞으로 어찌해야 할는지 캄캄하다고 했다.

퇴원하기 이틀 전인가, 엘리베이터 옆에 알림장이 붙어 있었다. 유방암 수술환자를 위한 강의가 있다는 소식이었다. 영주씨를 불러내어 들어 보자고 했다. 강의실에는 빈자리가 거의 없었다. 환자복을 입지 않은 사람들도 반은 넘었다. 이미 수술을 했던 이들이었다.

여러 가지 주의 사항 가운데 어떻게 관리할 것인가, 수술한 쪽의 팔로는 무거운 것도 들지 말 것이며 그 팔로는 혈압도 재지 말고, 주사도 맞지 않아야 하고 하는 등, 많기도 했다. 정신적인 안정을 위해서 가족의 협조가 제일 크다고 거듭 강조했다.

"남편의 애정어린 관심과 가족의 따뜻한 위로가 백 가지 약보다 긴요할 것입니다. 수술과 약만으로는 낫지 않습니다. 암과 싸운다는 일은, 잠 못 이루는 것은 말할 것도 없고 극심한 우울증에 빠질 만큼 외로운 일입니다. 재발할 수 있다는 두려움은 늘상 머릿속에서 떠나지 않습니다. 더구나 가슴을 들어낸 환자는 상실의 아픔이 배가 되지요. 마음의 상처가 어떤지 아무도 모릅니다. 짐작할 수 있다구요? 어림없지요. 일생 그 상실감을 안고 살아야 하니 우리 모두 서로 서로 보듬고 안아 주어야 합니다. 오죽하면 암의 재발보다 더 두려운 게 가슴의 상실이겠습니까?"

여성으로서의 삶은 끝났다는 상실감으로 대중목욕탕에도 맘대로 갈 수 없고, 수영장에도 가기가 꺼려지고, 옷 하나도 맘대로 입을 수가 없다는 얘기, 대인기피증이 생기고 사회생활에 문제가 생기지만 그 모든 게 여러분, 여러 환자들의 잘못은 없으니 힘을 얻어 당당해지자는 요지였다.

여기저기에서 훌쩍이는 소리가 들렸다. 영주씨도 그랬고 나도 콧물을 닦고 있었다.

둘째 시간에는 마음씨 좋게 생긴 노교수였다. 자신의 경험을 얘기했다. 그는 외래진료를 하다가도, 회진을 돌다가도, 환자를 만날 때면 서슴없이 다가가 무조건 안아주며 마음속으로 '사랑합니다. 어서 나으세요.' 20년 째 그렇게 하고 있단다.

우리는 앞 뒷날 퇴원을 하게 되었다. 영주씨의 집은 몇 시

간 걸리는 시골이어서 우리 집에 두 식구만 살고 있으니 허물하지 말고 며칠 묵었다 가자고 했다. 영주씨는 수술 자리에서 아직도 고무호스를 뽑지 않았기에 염려가 되었다. 사양을 했다. 한 달쯤 뒤에 항암 치료 올 때는 꼭 우리 집에서 묶자고 약속을 했다.

한 달 뒤 영주씨가 오는 날이었다. 영주씨에게 전화를 했다. 여름날이어서 남편이 편치 않다고 하니 새벽에 왔다가 당일 돌아가겠다고 했다. 두 번째 달에는 내 몸도 무던해서 병원으로 나가 점심을 같이 했다. 먹는 것도 잘 먹는데 머리카락이 좀 빠진다고 했다. 냉방이 잘 되어 춥기만 하던 검사실에서, 덥다고 부채질을 쉬지 않던 영주씨도 항암이라는 치료에는 이겨내기가 쉽지 않은 모양이었다.

시간이 좀 넉넉해서 차를 마시다가 시무룩하니 풀죽은 영주씨에게 물었다. 그때 검사실이에서는 그리도 여유롭고 활달하더니 그새 기운을 잃으면 어떻게 하느냐고 했다. 뜬금없는 대답이 돌아왔다.

"그 무렵에는 남편이 저보다 더 기력을 잃었어요. 충격 때문이었겠죠. 무엇보다도 그런 사실이 믿기지 않았어요. 받아들일 수가 없더라구요. 왜 하필 저냐구요. 그래서 저도 속없는 사람처럼, 아무렇지도 않은 것처럼, 실실 웃으며 지냈지요."

'그랬었구나.' 생각을 하면서 찻잔을 비웠다.

추석 무렵에는 김 한 상자와 구하기 쉽지 않은 어물을 보내왔다. 남편이 일을 쉴 것이라고 했는데 다시 시작한 모양이었다.

영주씨와의 소식은 날이 갈수록 뜸해졌다.

한동안은 가라앉은 목소린가 싶으면 또 다른 날은 검사실에서 처음 만났을 때처럼 환하게 웃기도 했다. 어느 대목에서는 금세 시무룩해지고 그런가 하면 들뜬 기분으로 전화를 걸어와 이웃들과 살아가는 이야기도 편안하게 들려주었다.

가을이 가면서 전화를 받지 않는 날이 거듭되었다. 그냥 전화를 받기 싫어서라고 어느 날 듣긴 했어도 계절 탓이려니 싶었다. 해가 바뀌면 좀 나아지겠지 했는데 어느새 일 년이 가깝다.

지금 와 돌아보니 언젠가 그런 말을 들은 기억이 난다. 배를 타고 나가도 길어야 2, 3일이던 남편이 이런 일 저런 일 많다면서 날짜를 끌더라는 말을 들었는데, 무심히 넘겼던 그 얘기가 문득 가슴을 친다.

핑크빛으로 물들어 화사하던 TV화면이 어느새 바뀌었다.

이 가을이 가기 전에 어서 영주씨의 소식을 듣고 싶다. 영주씨 부부가 함께 읽었으면 싶은 가슴 뭉클한 글 한 편이 있어서다. 며칠 전 어느 신문에서 읽은 짧은 칼럼이다. 순천향대병원의 교수가 쓴 유방암환자 부부의 「가슴의 서약」이라는 글이다.

'부부는 기쁠 때나 슬플 때나 즐거우나 괴로우나 함께 하고 서로를 사랑하겠다.' 는 서약을 하고 살면서 힘든 순간들을 이겨낸다. 마찬가지로 유방암 치료를 받는 환자와 그 배우자는 담당의사 주례 아래 '가슴의 서약' 을 하기 바란다. 배우자는 가슴으로 아내의 치료를 돕겠다는 서약을 함으로써 지혜롭게 유방암을 극복하자는 글을 이 가을 영주씨 부부에게 보내주고 싶다. 안 받을 줄 알면서 오늘 또 전화를 해 본다.

나는 글자를 모은다

컴퓨터 전원을 누른다. 빨간 불이 켜진다. 깜박이는 불빛이 가슴을 설레게 한다. 웅─소리를 내면서 모니터가 밝아진다. 피아노 건반을 두드리듯 열 손가락이 나도 모르게 둥그스름하게 구부러지면서 내 가슴을 자판인 양 톡톡 토도독 두들긴다. 한동안 느껴보지 못했던 희열이 온몸에 퍼진다. 흔한 일상이건만 왠지 모니터를 바라보는 감회가 남다르다. 얼마 만인가.

타고난 재능이 없으면서 깜냥에 글 쓴다고 나선 지 어느덧 십수 년이 지났다. 스트레스로 온몸에 열꽃이 피어나도 쓰고 싶은 마음 하나였다. 하루 세 차례 끼니 챙기는 일 아니고는 시집간 딸들마저도 멀리하면서 한 줄 또 한 줄 허투루 하지 않았다. 해가 가면서 제법 불어나는 글줄이 보람이 었다.

좋은 글 한 편 쓸 수 있는 날이 언제일까 기다리던 지난해 봄이었다. 예기치 않은 큰 수술을 받게 되면서 한동안 글을 쓰지 못했다. 원고청탁을 받을 때마다 구차스런 이 핑계 저 핑계를 댔다. 그런 날이면 성실치 못한 자신의 대답이 아픔으로 가슴을 허비었다.

매화향 분분하던 올해 봄이다. 꽃마중 가겠다고 한껏 부풀어 있었는데 다시 자리에 눕게 되었다. 하루하루 좋아지는가 싶더니 느닷없이 허리통증으로 몸을 가눌 수 없게 되어버렸다. 스물네 시간 내내 진통제를 맞고 있어도 수그러들지 않기를 석 달여, 병치레가 잦았어도 이토록 혹독한 통증은 처음이었다.

35도를 웃도는 무더위가 왔다. 기상캐스터는 몇십 년 만의 기록이라고 전했지만, 에어컨의 냉기마저 받아들이지 못할 만큼 쇠약해졌다. 속수무책, 천장만 바라보고 있어야 했다. 혹서는 언젠가는 지나갈 테지만 가늠할 수도 없는 통증은 막막했다. 긴 여름은 그렇게 가고 있었다.

봄 가고 여름 가더니 어느새 가을도 깊어졌다. 나름대로 글 줍기에 매진한다고 했지만 게으름 피운 날들이 어찌 없었을까, 거동을 못하다 보니 지난날이 아쉽기만 하다.

하루에도 몇 번씩 정현종 시인의 '더 열심히 그 순간을 사랑할 것을 / 모든 순간이 꽃봉오리인 것을' 을 떠올린다. 언제까지 가버린 날들을 반추하며 멍하니 있을 수만은 없었다. 비록 불편한 상황이어도 '모든 순간이 꽃봉오리인 것을' 읊조리며 현실에 어울리는 방도(方途)를 찾고 싶었다.

처음 한동안은 열망해오던 '음악과 독서' 에 빠졌다. 진수성찬도 몇 날이지 송충이는 솔잎이 제격인가 보다. 침대에 반듯하게 누운 채로 워드를 칠 수 있는 방법이 어디 없을까 궁리하기 시작했다. 어미의 말을 귀담아 들은 큰아들이 며칠 동안이나 인터넷을 검색해봤지만 마땅한 방법을 찾을 수 없더라고 했다. 막내아들까지 머리를 맞대고, 종이에 그림을 그렸다. 그 모양대로 마분지에 본을 떠서 가위로 재단을 하고, 테이프로 잇고, 각을 세워 내 몸판에 씌워봤다. 그럴싸했다. 필요는 발명의 어머니라 했던가.

여러 날 벼르던 막내가 마침내 '침상용 컴퓨터책상' 을 들고 나타났다. 어미의 생각을 이루어준 것이다. 하얀 페인트로 말끔하게 단장을 했다.

설명을 덧붙이자면 어린애들이 바닥에 놓고 쓰는 두레기상 같다. 그 책상을 침대에 누워있는 내 몸판 위에 놓고, 그 상판 위에 자판기를 세워 왼손으로 붙잡고 오른손으로는 자판을 두드리게 한다. 모니터가 놓인 데스크는 침대 오른편

으로 놓고, 고개를 오른쪽으로 비스듬히 돌리면 모니터에 뜨는 글씨를 읽을 수 있으니 안성맞춤이다. 누워서 모니터를 바라보게 되어 눈이 조금 피로한 것 외에는 크게 불편하지 않았다.

ㄱ·ㄴ·ㄷ.

한 자, 한 자씩 모니터에 떠오를 때면 반짝반짝 빛을 발한다. 빨리 병상을 떨치고 일어나라는 신호 같기도 하고, 밝은 미래를 예견하는 손짓 같기도 하다. 때로는 어린 시절 아버지가 연필 쥔 내 손을 꼭 잡고서 ㄱ ㄴ ㄷ을 익히게 하는 앎의 길잡이가 되셨고, 이제는 어려운 상황을 받아들이는 삶의 수용으로써 ㄹ ㅁ ㅂ을 새롭게 익히고 있다.

두 손을 써 오던 그동안에 비해 속도감이 없는 독수리 타법이라지만 어떠하랴. 자음 하나 모음 하나가 어우러져 글꼴을 이루고 한 글자 또 한 글자 나란히 옆줄로 늘어서니 티

끌 모아 태산이 되고, 빗방울 모여 강을 이루듯 글자가 모아진다. 어제처럼 오늘도 나는 글자를 모은다. 다른 사람이 보면 웃을지 모르지만, 내게는 기쁨이요 감사가 넘치는 것을.

그악스럽던 통증도 조금씩 수르러들고 있다. 아직도 나를 못 잊어 그럴까, 가끔씩은 통증이 성깔을 부리지만 잘 지내보자고 다독인다. 그러하노라면 의자에 앉아 밤을 지새우는 날도 머지않았으려니 싶다.

며칠째 모니터를 바라보면 해실거리는 나한테 아들들은 "우리 어머니 명작 탄생 중"이라면서 너스레를 떤다. 명작은 아니어도 자판을 넘나드는 손길이 바빠지니 어찌 대견하지 않을 수 있으리오.

내 삶의 순항은 계속될 것이니 한 10년쯤 훨씬 지나서 옛이야기하듯 그때 그런 일이 있었노라고, 바람처럼 스쳐 지났노라고. '모든 순간이 꽃봉오리인 것을' 가볍게 이야기할 수 있는 날이 있기를 소망할 뿐이다.

마우스를 이동시켜 커서를 '저장' 에 맞춰 놓고, '끄기' 를 클릭한다. 웅—소리와 함께 오늘도 보이지 않는 글의 낱알이 '저장' 에 쌓이고 있다.

미리 쓰는 유언장

– 『한국문인』 가상유언장 쓰기

유언이라면 죽음에 이르러서 남기는 말일 것인데, 그때를 안다면 복되다 할 것이니 내 어찌 예측할 수 있으랴. 오늘까지 지켜주심을 감사하며 사랑하는 딸 둘 아들 둘을 주시어 기쁨을 누릴 수 있었으니 감사 또 감사드린단다.

큰딸 원선(媛善)이, 열 달을 채우지 못하고 2.5kg의 아주 작은아이로 어미에게 왔었지. 거듭되는 자연유산으로 순산하는 것이 소망이었으니, 무탈하게 열 달이 가기를 손꼽아 기다리며 만나게 된 혜원(惠媛)이. 눈물로 간구하며 소원하던 아들 동윤(東潤)이를 아홉 번째야 만날 수 있었으니 꿈만 같던 그 순간. 이 세상 누구도 그날의 기쁨을 어찌 짐작할 수 있으랴. 그리고 동석(東錫)이로 해서 아들 둘 딸 둘이 되었으니 쫓겨날 일 없는 며느리로, 아내로, 자리를 탄탄하게 해준 우리 막내. 보배로운 내 새끼들. 갓난쟁이로 젖을 물리던 날이 엊그제 같은데 어미가 나이 들어 유언장을 쓸 수 있음이 감사하구나.

이렇게 열 번 아이를 가져 넷을 건사하기까지 10년을 가슴 죄며 지낸 날이었단다. 애들아, 재산이 얼마쯤 있으니 어떻게 나눠 가지거라, 했으면 좋으련만 미안하구나. 하지만 물질은 아니어도 내 어머니, 너희들 외조모께서 물려주신 신앙은 있단다. 이모나 삼촌 그리고 나, 우리 형제들이 지금도 어머니를 감사하는 마음으로 기억하듯이 너희들도 믿음을 귀히 여기며 살아가기를 바란단다.

원선아 혜원아, 서로 아끼며 보듬어 감싸거라. 동윤이, 동석이도 마찬가지란다. 추수를 끝낸 가난한 형제가 형은 아우에게, 아우는 형에게, 밤새 볏단을 날라다 주던 어릴 적 읽었던 이야기를 기억할 것이다. 아우르는 마음으로 다독이며 사랑을 나누어라. 어려울 때는 형제뿐이란다. 한 집안이 잘 되려면 여자가 잘 들어와야 한다고 하지만 주 안에서 자란 믿음의 딸이라면 슬기롭게 헤아릴 수 있을 것이다.

원선아, 혜원아 그리고 동윤이 동석아, 어미는 늘 이런 생각을 해왔단다. 사후 내 몸을 기증하고 싶구나. 언젠가 동윤이에게 그런 마음을 건넸었지. 노상 병치레를 하고 살았지만 누군가에게 쓸 만한 것이 남아 있다면 감사한 일이 아니겠니. 세상 뜨신 네 외할머니께서도 그 옛날 그런 뜻이 있었지만 하도 오래 전이어서 어찌해야 되는지 몰라 생각으로 그치고 말았단다. 지금에야 널리 알려진 일, 너희들의 동의가 있었으면 싶다. 네 아버지는 가당치도 않다고, 입에 담지도 말라고 하시지만 지금도 내 마음 그대로란다.

또 있단다. 혹여 어미에게 불치병이라도 생겨 감당키 어려울 때는 지체 말고 전문기관에 맡기어라. 부모로 해서 형제끼리 맘 상하는 것을 바라지 않는단다. 장례절차는 조촐하게, 그런 일이 있었노라고 나중에 알리어라.

다시 말하지만 너희들 넷의 어미였던 것이 무엇보다도 기쁘고 감사하구나. 지금 이 글을 쓰고 있으려니 아장아장 걸음을 떼던 어린 시절의 너희들 모습이 눈에 어리고, 엄마 아빠 한 마디씩 말을 익히던 목소리가 아직도 귀에 생생하구나. 입을 오물거리며 받아먹던 앙증맞은 모습도, 색스런 천으로 옷을 만들어 입히던 일까지. 카메라에 찍힌 사진은 빛이 바랬지만 어미 가슴에 담긴 너희들은 되레 색이 덧입혀져 더욱 생생하단다.

세상에서 가장 어여쁜 손자 서영이, 태형이, 병준이, 희준이 그리고 우리 큰아들 동윤이, 막내 동석이의 앞으로 태어날 아기들도 보고 싶구나. 혹여 그 아기들을 미처 만나지 못한다면 할머니가 많이 기다렸노라고, 사랑한다고 전해다오.

꽃나무들을 곁에 두고 마음을 나누어라. 그동안 어미가 20년 동안 해왔던 시각장애인 개안수술 헌금을 너희들이 이어갔으면 한다.

참으로 소중한 우리 딸들 그리고 아들들아, 낱낱이 기억할 수는 없을 테지만 늘상 했던 잔소리가 어미의 당부라고 새겼으면 싶구나. 노여웠던 적도 많았을 것이다. 남에게 폐 끼치지 말고 나누고 배려하여라.

"항상 기뻐하라, 쉬지 말고 기도하라, 범사에 감사하라." 이 말씀은 네 외조모께서 즐겨 읽으시던 말씀이란다. 후대까지 믿음을 지키어라. 안녕이라는 말은 아니 하련다. 하늘나라에서 다시 만날 것이니.

2005년 6월 어느 날 어미가 씀

내 안에 봄

꽃밭 나들이를 하게 된 연유는 이러하다. 시난고난 앓다보니 마음속 소망마저 점차 빛이 바래지고 있을 때였다. 마음을 비운다 해도 조급해지는 마음은 어쩔 수 없었다.

그날도 오늘 하루를 어떻게 견디나 하는 심란한 마음이 가슴속 가득 밀려왔다. 창밖에는 꽃샘바람이 쌀쌀하게 불고 있었다. 불현듯 바람을 쐬고 싶었다. 두툼한 옷으로 채비를 마치고 도우미아주머니의 부축을 받으며 집을 나섰다. 참으로 오랜만이었다. 옷깃에 스미는 바람결이 오소소했지만 얼굴에 스치는 느낌은 상쾌했다.

해바른 양지쪽을 따라 몇 걸음 떼다 보니 나도 모르게 꽃밭으로 들어서고 있었다. 내가 살고 있는 아파트 동(棟) 바로 옆에 있는 꽃밭이다. 아프기 전에는 자주 들렀던 곳이다. 인기척도 없고 소음도 들리지 않는 뜰, 봄날의 고즈넉함이 감돌았다. 어쩌다 새 두어 마리가 오종종 잔디밭에서 놀고 있는 게 전부였다.

사방을 둘러보니 눈에 익은 나무들이 제자리에 서 있었다. 벚나무의 일고여덟씩 무더기진 꽃망울들이 도도록했고, 떨기나무들도 물이 오르느라 수런거렸다. 침잠의 겨울을 쓸어내고 생명들이 소생하고 있었다. 잠시나마 눈을 돌려 움트는 나뭇가지를 바라볼 수 있음이 신기했다. 얼마 전까지만 해도 심란했던 마음이 조금씩 녹아졌다.

고개를 들어 하늘을 올려다보았다. 눈에 들지 않던 하늘의 색깔이며 구름의 모양이 눈에 들었다. 딛고 선 발아래도 겨울을 지낸 누르스름한 잔디밭이 봄 빛깔로 물들 준비를 하고 있었다. 언 땅을 비집고 나온 파릇파릇한 새싹, 경이로웠다. 다시는 못 볼 줄 알았던 계절의 순환이었다. 한없이 무기력한 내게는 돋아나는 새순이 충격이었다.

내 아픔만이 견디기 어렵다고 한숨 쉬고 있을 때, 꽃들은 언 땅속에서 해동하기를 기다려 흙을 비집고 움을 틔웠을 것이다. 어찌 하찮게 여길 수 있으랴. 우두커니 서 있는 지금 이 시간에도 쉼 없이 싹을 틔우고 있을 것이다. 꽃들이라고 해서 그들이 겪는 아픔과 고통이 왜 없었을까.

잎새 하나 없는 빈 가지들도 눈앞에 있었다. 개나리, 진달래 철쭉들도 봄을 꿈꾸고 있지 않은가. 바짝 마른 가지 어디에 힘을 실었다가 꽃을 피우기 위해 사력을 다하는 푸나무들, 그 수세(樹勢)가 한없이 부러웠다.

잠시 꽃밭을 다녀온 그날 이후, 가지마다 뾰조롬하게 움튼 새순이 눈앞에서 떠나지 않았다. 나도 그 새순처럼 생기가 돌고 변화를 가져올 수 있을까. 줄기가 튼실해지고 잎이 자라 듯 그렇게 좋아질 수는 없는 것일까. 푸나무들처럼 내 몸에 봄을 심고 가꿀 수는 없을까.

그렇게 여러 날이 지났다. 나를 비켜간 줄 알았던 소망이 어렴풋이 보이는 듯했다. 나는 조물주가 지으신 고귀한 생명이다. 어찌하여 낙심하는가. 머지않아 푸나무들도 꽃망울을 터트려 삼라만상에 꽃잔치를 벌일 것이고, 세상을 온통 수런거리게 할 것이 아닌가. 마음속에 도사리고 있는 어둠에서 몸을 추스르고 싶다는 의지가 생겼다. 그래, 내 안에 봄을 가꾸자, 그리고 꽃을 피우자.

궂은비나 스산하게 부는 바람이 아니고 햇살이 따습다 느껴질 때면 꽃밭으로 갔다. 새 생명이 피어나는 그들 곁에서 볕 바라기를 하고 싶었다. 오랜 시간 머물 수 없어 잠시 바람을 쐴 뿐인데도 가라앉았던 마음이 한결 나아지고 있었다. 쏟아지는 햇빛 속에서 흙냄새, 풀냄새가 향기로웠다. 햇살 머금은 풀꽃을 손으로 어루만지기도 했다. 봄빛의 다습고 정겨움이 내 몸으로 전해왔다.

비록 짧은 시간이지만 내 처지에 맞는 최상의 나들이였다. 다른 이에게는 하찮은 시간일 수 있지만 내게는 그 짧은 시간이 몇 시간보다도 길고 소중했다.

날이 가면서 꽃밭에는 참 많은 꽃들이 피고 졌다. 합창을 하듯 피어난 개나리, 벚꽃은 그 화사함을 뽐냈고, 풀꽃들은 약속이라도 하듯 싸목싸목 피고 졌다. 덤불 사이에서 핀 가녀린 제비꽃 한 송이도 나만을 위한 꽃으로 여겨졌다. 생명 있음이 감사했고 작은 기쁨이 큰 기쁨으로 느껴져 내 마음에 강물처럼 흐르게 했다.

봄이 이울고 있다. 아직 내 병고는 떠나지 않았지만 마음속 의지는 흙을 뚫고 소생하는 움처럼 생기롭다. 바라만 보아도 기쁨이 생기고 감동을 느낄 수 있었던 봄볕 가득한 꽃밭. 잠깐밖에 누릴 수 없는 짧은 만남이지만 내게 소망을 주었던 푸나무들에게 어찌 감사하지 않으랴. 눈부신 봄 햇살은 축복이었다.

* 푸나무 : 풀과 나무

계란 바구니

깁스를 하고 병원 문을 나섰다. 차를 기다리면서 무심코 올려다본 하늘이 먹장구름이다. 무겁게 드리운 구름장만큼이나 마음도 심란하다. 목발 사용이 쉽지 않아 앉지도 서지도 못한 채 조촘거리다가 승용차에 오르려니 그 일이 더 어렵다. 뻗정다리가 되었으니 걸터앉을 수가 없어 잦바듬하다.

스케이트를 타 본 일이 없는데 타일 바닥에서 느닷없이 슬라이딩을 했으니 참으로 어이가 없다. 김연아 선수는 세계를 석권하여 날마다 매스컴에 이름을 떨치는데 나는 모처럼 만에 미끄럼 한 번 탔다가 무릎만 깨지는 사고를 냈다. 수술보다야 낫지 않느냐고 하는 의사의 말에 그래, 감사하자, 하며 돌아서기는 했지만 가슴이 알싸해지면서 맥없이 눈물이 쏟아진다. 탄탄한 아스팔트길에서 허방을 밟은 것이 이런 것인가 보다.

반 년 가까운 병상생활이 끝나고 몸이 점점 회복기에 접어들고 있어 생기가 도는 요즘이었다. 그에 비하면 4주 아니면 6주 동안의 깁스는 견딜 만하다. 하지만 이제 외출도 할 수 있다고 벼르고 있었기에 충격흡수가 쉽지 않다. 그동안 어지간히 참고 기다린 날들이었다.

만발한 봄꽃 눈맞춤으로 스치듯 보내고, 지는 꽃잎 아쉬움으로 작별도 못한 채 자리에 눕고 말았다. 나의 봄은 그렇게 가 버렸다. 계절의 변화를 느끼지도 못한 채 침상에서 되작거리며 창밖으로 지나는 여름을 바라보고, 가을을 손꼽았다. 하루하루가 삶이었기에 다시 겨울을 기다렸다.

성탄절 트리 장식을 하면서도 가슴이 설레었다. 여느 해 같으면 이틀이면 끝냈을 일을 몇날 며칠이 걸렸다. 흐뭇했다. 가지마다 장식품을 매달면서는 콧노래도 흥얼거렸다. 다시 일어나 성탄절을 함께할 수 있다는 게 무엇보다도 기뻤다. 바깥나들이를 위해 모자와 핸드백을 챙기면서는 들뜨기까지 했다.

할 일도 많았고 가고 싶은 곳도 많았다. 겨울나무를 보고 싶었고 눈 내리는 길을 걷고도 싶었다. 크리스마스 선물도 사러가야 했다. 제일 하고 싶은 일은 시장을 보는 일이었다. 먹을거리를 들여와 도마질을 하며 음식을 만들고 싶었다. 여러 달 동안 얼씬도 못하다 보니 주방에서 일할 수 있음이 얼마나 큰 보람이었는지 새삼스러웠다.

병상에 있는 동안 애써준 분들이 참 많았다. 기도와 위로를, 그리고 진심어린 염려로 내게 힘을 실어주던 이웃들, 한 가지라도 더 먹여 보겠다고 그릇에 담아 나르던 사랑, 여러 가지 모양과 방법으로 섬기던 그 모습을 어찌 지울 수 있을까.

빨강색 포인세티아가 그려진 식탁보를 덮고, 같은 무늬의 냅킨을 꺼내고, 예쁜 그릇에 음식을 담아 김이 모락모락 오르는 맛깔스런 음식을 차려놓고, '많이 드세요. 그동안 참으로 고마웠습니다.' 인사를 드리며 정성스레 대접하고 싶었다.

12월 첫 주에는 이런저런 분들을, 그 다음 주에는 또 누구 누구를, 그렇게 일주일에 두 번씩 모시면 성탄까지는 어지간히 대접할 수 있으려니 싶었다. 새해 1월까지는 다른 일정도 세우지 않으리라 마음먹었다. 생각만으로도 행복했다. 무리하지 않는 범위에서 메뉴도 짰다.

그런데 지금, 예정대로라면 시장에 가 있거나 아니면 우리 집 크리스마스트리 아래서 여러 이웃들과 캐럴을 듣거나, 유자차를 끓이며 감사했던 그동안의 얘기를 나누고 있어야 했다. 아무리 생각해도 깁스는 어울리지 않는다. 애초부터 순서에 없었다.

병원에서 의사가 다리에 깁스를 하고 있는 동안, 나는 엉뚱하게도 어릴 때 읽었던 동화 하나가 생각났다.

작은 소녀가 있었다. 계란이 가득 담긴 바구니를 들고 길

을 걸어가고 있었다. 소녀는 바구니에 담긴 계란이 얼마쯤 지나면 병아리가 되고, 그 병아리가 암탉이 되어 알을 낳을 것이니, 계란을 팔아서 토끼를 사고 토끼를 팔아서 염소를 사고, 다시 돼지를 사고, 그 다음에는 젖소를 살 수 있다는 생각으로 가슴을 두근거리며 걸어가고 있었다. 소녀는 머릿속에 갖가지 꿈을 키웠다. 마냥 즐거워하며 걸어가던 소녀

는 그만 돌부리에 채어 넘어졌다. 바구니에 담긴 계란은 어찌 되었을까.

어찌하여 뜬금없는 그 얘기가 떠올랐는지 모르겠다. 쏟아진 계란을 바라보며 얼마나 허망했을까. 어린 소녀가 안쓰러웠는데 오늘은 그 허망함이 내 것이 되어 나를 서글프게 한다.

해거름이 될 때까지 애꿎은 천장만 쳐다보고 있던 나는 비스듬히 보이는 창밖으로 시선을 멈췄다. 먹장구름이 진눈깨비가 되면서 함박눈으로 바뀐다. 소담스런 눈을 바라보니 상했던 마음이 조금씩 누그러진다. 천천히 전화기 버튼을 누른다. 예기치 못한 불상사가 생겨서 일정을 뒤로 미뤄야겠다고 집집이 얘기를 했다. 4주가 지나면 새해가 온다. 감사인사는 새해에도 할 수 있으니 때가 찰 때까지 무던하게 기다려야겠다.

모자와 신포도

그때가 2월이었다. 수선 맡긴 가방을 찾으러 백화점에 들렀다. 2층으로 오르는 계단 옆으로 여름모자가 수북하게 쌓인 진열대가 눈에 들어왔다. '세일' 이라는 팻말 밑에 3만 원이라고 쓰인 숫자가 더 크게 보였다. 제대로 장식된 매장에서보다 진열대 위에 아무렇게나 놓인 상품에서 생각잖은 대어를 낚은 일이 여러 번 있었다. 그냥 지나칠 수가 없었다.

두어 개 만지다 보니 눈에 익은 게 있었다. 일 년 전, 모자 가게에서 꽤나 비싼 가격표를 붙여놨던 모자였다. 몇 번을 다시 봐도 그 모자가 확실했다. 지난여름 아이보리색 모자가 진열장에 장식된 것을 본 일이 있었다. 화려하면서도 귀

태가 있어 보였다. 단박에 가져오고 싶었지만 너무도 비싼 가격에 멈칫거리다가 가게를 나오고 말았다. 몇 번을 뒤돌아보며 떨어지지 않는 발걸음을 재촉했었다. 그러면서 「여우와 신포도」라는 이솝우화를 떠올렸다.

배가 고픈 여우는 잘 익은 포도송이가 매달린 포도나무를 발견한다. 이리저리 궁리를 해봐도 너무 높아서 포도를 따 먹을 수가 없었다. 어쩔 수 없이 돌아선 여우는, "저 포도는 덜 익었어. 신포도일 거야."라고 자신을 위로한다. 나 역시 "그래. 그 모자는 장식이 너무 화려해. 아무데서나 쓰기는 좀 그래."

안 사기를 잘 했다고, 마음을 다독이며 집으로 돌아왔지만 모자가게에 남겨둔 마음을 쉽게 거둬들이지는 못했다. 모자 쓰기를 좋아해서 그런지 어디를 가도 모자가 제일 눈에 잘 띈다. 옷집과 모자집이 나란히 있으면 나도 모르게 모자집 앞에서 얼쩡거린다. 두 가지 중에 한 가지를 고르라고 하면 십중팔구 모자를 집어들 것이다.

비싸서 살 엄두도 못 냈던 날이 1년 전인데, 바로 그 모자를 3만 원에 가져가라고 했다. 이건 높은 데에 매달린 포도가 아니다. 바로 손 가까이에 있다. 신 포도는 더욱 아니다. 횡재를 하는 기분이었다.

저렴해진 가격표를 다시 한 번 확인하고서 진열대에 있는

모자를 들고 이리저리 들여다봤다. 때가 탄 것도 아니고 모형이 우그러진 것도 아니었고 색깔도 그대로였다. 그 때는 조금은 화려하게 보였던 장식이었지만 눈여겨보니 한결 우아했다. 그리고 챙 넓이도 알맞았다. 그 모자로 해서 내 모습이 한껏 돋보일 것만 같았다. 거기까지 생각이 미치자 나도 모르게 피식 웃음이 나왔다. 똑같은 물건 앞에서 1년 전과 판이한 또 다른 나의 속내다. 사람의 마음은 알다가도 모르겠다.

모자를 조심스럽게 상자에 담아들고 집으로 왔다. 자랑삼아 딸아이에게 전화를 했다. 얘기를 다 듣고 난 딸아이는 기왕이면 다른 색 하나를 더 들고 오지 그랬느냐고 했다. 내일이라도 다시 가보라는 부추김에 다음날 나는 다시 그 매장으로 갔다. 그리고 엷은 복숭아빛깔의 모자를 가져왔다.

그렇게 모자 두 개를 장만하고 나는 그날부터 아직도 먼 여름을 기다렸다. 그러나 봄이 오기도 전에 나는 그만 허리병이 도졌다. 자리에 눕던 날부터 마주 보이는 벽에 모자를 걸어 두었다. 어서 일어나 여름을 맞고 싶어서였다. 그해 여름은 그렇게 지나갔다.

뜻밖의 세일로 큰 보물을 얻은 것처럼 기쁨을 주었던 모자, 그 모자의 진가를 언제쯤 내보일 수 있을지. 모자는 여전히 벽에 그림처럼 있다.

돌아올 여름을 기다리고 있다.

정한(情恨)

가는 비가 내리는 날이었다. 친구와 함께 서소문동에 있는 시립미술관으로 갔다. 천경자 화백의 작품 기증을 기념하는 전시가 미술관 개관전으로 열리고 있었다.

전시실에는 그의 일생을 조망할 수 있는 '천경자의 혼'이라는 영상물과 함께, 세계여행을 하면서 그린 스케치와 여행풍물화, 자신의 모습을 담은 자화상, 동경 미술학교에 다니고 있을 때의 습작, 인체드로잉, 채색화 등이 전시되고 있다.

1940년부터 1990년대에 이르는 60여 년에 걸친 작품들이다. 그녀가 제일 아끼는 작품 「생태」에서 뱀이 눈을 끈다. 평생을 예술가로 삶을 불태워온 화가이며, 한 여성으로 아름다운 삶을 살아온 자연인으로의 모습이 거기에 있다.

그림을 둘러보고 '화가의 방' 이라는 커다란 사진 앞에 걸음을 멈추었다. 생전의 그가 작업을 하던 화실이다. 방금 전까지 일을 하다가 잠시 숨을 돌리고 앉아 있는 그런 모습인, 실물 크기의 사진이 벽 전체를 차지하고 있다. 사진이 하도 선명해서 마치 그분이 실제로 거기 있는 것만 같다. 오래 전 그의 화실에 갔을 때, 그날의 모습 그대로다. 나도 모르게 가까이 다가섰다. 그녀의 시선과 마주친다.

"어찌끄나, 새댁 맞소, 잉?" 환청인 듯 들리는 그의 목소리에 붙박인 듯 서 있다. 맞아요, 저…. 더 바짝 다가갔다. 어서 와서 앉지 않고 왜 서 있느냐고 손사래를 친다.

아마 1977년이거나 그 다음해였을 것이다. 집 근처 목욕탕이었다. 그분은 안쪽 구석진 곳에 앉아 있었다. 지면을 통해서 낯이 익어설까, 옆모습이 단박에 눈에 들었다. 입구 쪽에 자리를 정한 나는 그 쪽으로만 마음이 쏠렸다. 선생님이 앉아 있는 그 옆자리로 옮겨갔다.

막 앉으려는데, 비누조각이 바닥에 눌어붙어 있었던가 하마터면 미끄러질 뻔했다. 그 바람에 들고 있던 목욕대야가 기울어지면서 그 안에 담긴 여러 가지들이 와르르 쏟아졌다. 로션병 하나가 데구르르 구르더니, 뚜껑이 열렸던가 로

션이 걸쭉하게 흘러내렸다. 엉겁결에 엎질러진 물건들을 집으려 하니, 어느새 바닥에 흩어진 자질구레한 것들을 주섬주섬 챙겨서 대야에 담아 준다. 그리고는 어서 여기 앉으라면서 한 옆으로 비켜 앉는다.

"새댁잉가본디 재바르기도 허요, 잉."

민망함으로 제대로 앉지도 못했다. 쭈그린 내 앉음새가 불편해 보이는지 선생님의 눈길은 내게서 떠나지 않았다. 추워 보인다면서 따뜻한 물을 받아 끼얹어 주기도 했다.

"새댁, 내가 등 밀어주까, 잉."

갑자기 말문이 막혔다. 무슨 말인가를 해야겠다고 어물어물 머뭇거리고 있을 때, 어느새 타월을 접은 그의 손이 내 등을 쓱쓱 밀고 있었다.

"정말 분떡 같소, 잉. 무슨 말인가 알것소?" 그 말뜻을 모르지 않는다. 내가 살던 곳 전주(全州)에서도 살빛이 흰 사람을 볼 때면 분떡각시라고 일렀다.

여름에 피는 분꽃 씨앗이 다 여물면 겉껍질은 새까맣고 더 단단해졌다. 작고 동그란 그 씨앗을 송곳니로 으지적 깨물면 새하얀 가루가 묻어나곤 했다. 흰 가루를 얼굴에 바르고 소꿉장난을 하고 놀았으니 그 말뜻을 어찌 모르랴. 그제야 기어들어가는 소리로, "저… 선생님을 알고 있는데요."

그리고 새댁이 아니라 서른 네댓이라고 했다. 막내가 유치원에 다닌다는 말도 했다. 겉모습을 갖추고 예를 드려도 시원찮은데, 어마두지 얼토당토 않는 말을 하고 말았다. 앞뒤 가늠도 없이 후닥닥 자리를 옮긴 것이 서투른 짓거리 같았다는 생각이 들었다.

그이 손길은 내 등뿐 아니라 팔이나 다리까지도 꼼꼼하게 닦고 있었다. 어린아이들을 요모조모 씻겨 주듯이 손 안 가는 곳 없이 비누칠까지 하고서는 물을 끼얹는 것도 잊지 않았다. 그 모든 일들은 익숙한 손놀림으로 이루어졌다. 사양할 겨를도 없었다.

"우리 큰아보다 멧살 우게고만, 잉."

단발머리여서 그런지 아무리 봐도 새댁 같다면서, 그 호칭을 재미있어 했다. 한참이나 물끄러미 바라보고 있다가는 이렇게 말을 했다.

"쪼까 이쪽으로… 이만큼 앉아 보까, 잉."

선생님 옆으로 조금 가깝게 다가갔다. 엷은 햇살이 비치고 있었다. 고개를 들어 올려다보니 머리 위쪽으로 작은 창이 있었다. 햇무리처럼 희끄무레한 빗살은 물 대야에서 넘실거렸다. 거울 면에 반사될 때처럼 일렁이는 물살에도 눈이 부시었다. 그 빗살이 담긴 대야를 멀찍이 밀어 놓고,

물대야가 놓였던 자리를 가리킨다. 그 자리로 옮겨와 앉으란다.

"인자사 되았고만, 잉."

무엇이 되었는지는 모르지만, 창으로 내려오는 그 빛살은 내 얼굴로 쏟아졌다. 수증기로 가득 싸인 어둑하고 뿌연 실내에서는 으슴푸레한 빛도 밝게 보였다. 마치 안개 자욱한 거리에서 마주 오는 자동차 라이트가 비쳐올 때처럼, 유리를 통해 비치는 부유스름한 밝음 속에 내 모습이 드러나 있었다. 눈이 부시어 조금 비켜 앉을까 싶어 꼼지락거렸다. 얼굴을 비켜난 빛 묶음은 앞가슴을 내리비쳤다. 희끄무레하면서도 우련했다.

봄날이었고, 밖에는 비가 부슬부슬 내리고 있었다. 전날 밤부터 하도 삭신이 쑤시어서 여간해서는 오지 않던 목욕탕을 왔노라고 했다. 같은 동네에 살고 있으면 웬만한 사람들끼리는 목욕탕에서 가끔씩은 마주치게 된다. 서교동에 살고 있는지가 여러 해가 되었건만 그렇게 마주하기는 처음이었다. 잘 알려진 탤런트 K씨도 드물게는 얼굴을 익히고 있었으니, 모처럼의 발걸음이라는 말이 틀리지는 않을 것이었다.

이런저런 얘기가 오가는 사이에 우리는 금세 친해졌다.

애들 도시락 반찬은 무엇을 만들어 주느냐, 말 안 들을 때는 어떻게 하느냐, 애들 넷은 젖을 먹였느냐, 우유로 키웠느냐, 그렇게 이어지다가 갑자기 "새댁, 우리 집에 가드라고, 잉."

그런 연유로 해서 목욕대야를 든 채, 선생님 댁을 가게 되었다. 젖은 머리에서는 이따금씩 물방울이 묻어나고 몇 걸음 걷다보면 선생님의 긴 머리칼에서도 물기를 훔쳐야만 했다. 그럴 때마다 마주보며 웃었다. 골목 어귀에 있는 구멍가게에서 선생님은 담배 몇 갑을 사고, 소주도 두 병인가를 사서 목욕대야에 담았다. 대문 앞에 서니 라일락 향기가 짙게 피어났다. 그리고 이층 화실로 올라갔다. 바로 그 화실이, 생전의 선생님 몸피만한 사진으로 시립미술관 전시실 벽에 걸려 있는 '화가의 방' 이다.

그 '화가의 방' 에는 물감이며 붓, 그리고 다른 화구들이 놓여 있었다. 비슷하게 생긴 화구들도 크기에 따라 가지각색이었다. 붓만 해도 몇 개쯤은 될 것이다. 이렇게 숫자로 셀 수 있는 그런 게 아니었다. 수십 개씩이나 되는 붓이 백자 필통 여럿에, 또 작은 단지들에 담겨 있었다. 작업을 하다가 일어선 듯 작고 큰 접시마다 색색깔의 물감들도 그대로 있었다. 가슴이 몹시 뛰었다. '화가의 방' 에 앉아 있음이 하도 신통했다.

놀라운 것은 그의 화실에 발을 딛는 순간 스펙터클을 이루는 그림들이었다. 여기저기서 움직이고 수런거리는 소리가 들렸다. 벽에 걸린 액자에서는 사람들이 어정거리며 걸어나온다. 나른한 모습으로 누워 있는 여인들은 기지개를 켜며 일어나 앉는다. 슬픔이 담긴 그 큰 눈은 누군가를 기다리는 듯 연신 창밖으로 시선을 옮긴다. 꽃의 여신 플로라도 거기 있다. 꽃무늬진 스카프, 검은 고양이, 트럼프나 술병까지도 움직이고 있다. 꽃을 안은 여인들도 천장을 난다. 한 묶음의 꽃다발에서는 꽃잎들이 흩날린다. 방 안 가득 꽃잎들이 쌓인다. 나비가 날아든다. 미처 벙글지 못한 꽃봉오리들도 벙싯거린다. 영롱한 색채들이 환성을 울린다.

그뿐이 아니다. 뱀들도 기어다니고 있다. 꽃뱀, 실뱀 그리고 푸른 독사까지 셀 수 없이 많기도 하다. 수십 마리의 뱀들은 한꺼번에 똬리를 감거나, 또 긴 몸을 서리어 내 몸을 금방이라도 친친 감겨들려고 한다. 방 안 구석구석까지 헤아릴 수 없을 만큼 그 숫자는 불어난다. 뱀끼리 엉키고 꼬여, 서로 어우러진 그 모습이 하도 섬뜩해서 꼼짝도 못하고 옴츠리고만 있었다. 나도 모르게 발을 의자 위로 올려놨다.

눈을 꼭 감았다. 등 뒤쪽으로 스멀스멀 기어오르고 있었다. 소스라쳤다.

소름끼치게 무서우면서도 슬쩍슬쩍 곁눈질을 한 것은 맞은편 벽에 걸린 「생태」라는 뱀 그림이었다. 눈길이 그곳에만 머문다. 차라리 그 방에 들어서자마자 처음에 앉았던 창문을 마주한 그 자리가 되레 좋을 성싶었다. 시선을 창밖으로 돌릴 수 있어서였다. 엉거주춤 일어서려고 하자 그는 팔을 저었다. 아서라고. 그리고선 창문을 대각선으로, 엇비슷한 자리에 나를 앉게 했다.

젊은 시절의 앨범과 '화가의 방'에 있는 그림들에 얽힌 이야기를 한참 재미나게 하고 있었다. 손가락에 끼운 담배 한 개비가 다 타들어가고 있었어도, 환한 웃음에 갈무리된 남도 사투리의 친근함은 그칠 줄 모르고 이어졌다. 차를 마시라고 했던 것 같은데 그 음성도 듣는 둥 마는 둥 했다. 벽에 걸린 뱀 그림에만 마음이 쓰였다. 나도 모르게 얼굴이 누르락푸르락 했던가. 눈더듬으로 짐작하여 헤아렸는지 걱정스레 물었다.

"새댁, 아픈갑소, 잉."

속이 좀 거북하다고, 엉너리쳐 얼버무리고 말았다.

어느 작품 하나 허투루 여기지 않을 터, 「생태」는 작가 자신이 가장 애착을 갖는 작품이었다. 한국 화단에 그의 존재를 각인시켜 준 계기가 되었으며, 그의 삶 동안 그의 작품에 자주 등장하는 모티브였다.

어려서 친구와 나물 캐러 갔다가 치마허리에 매는 각띠인 줄 알고 만진 것이 꽃뱀이어서 친구가 죽었다는 지난 얘기도 알고 있다. 그 순간 무서운 마음이 들긴 했어도 언젠가는 꽃뱀을 그려야겠다는 생각을 늘 해왔다고 한다.

「생태」를 그렸을 때는 그가 20대 후반이었다. 서울에서 전시회를 마치고 광주로 내려가는 3등 열차 칸에서였다. 언뜻 환상으로 비치는 정경이 있었다. 실배암 두 마리가 찔레꽃 사이로 스르르 지나는 모습이 눈에 어리었다.

어릴 때 뱀에 물려 죽은 친구로 해서 꽃뱀이 유다른 기억으로 있었으니, 기차 칸에서의 실뱀에 대한 그의 환상은 전혀 새로움이 아니었다. 예술적으로 구현되는 계기가 되었을 뿐이다.

광주에 내리자마자 광주역전에 있는 뱀 집을 드나들기 시작했다. 마작으로 가산을 탕진한 아버지와 폐병을 앓는 여

동생을 돌보며 극심한 생활고에 시달리고 있던 그 무렵. 그 여동생의 죽음, 자신의 순탄치 못한 결혼의 파경, 가정을 가진 한 남자와의 만남 등, 한꺼번에 밀려온 시련을 극복하기 위해 뱀집 앞에서 날마다 서성거리며 시간을 보냈다.

그가 처음 그린 뱀은 꽃뱀이 아니었다. 한 뭉텅이의 푸른 독사였다. 죽을 것처럼 숨이 막히고, 징그러워서 몸서리치며 스케치를 했다. 고통을 극복할 수 있는 길은 그 방법밖에 없었다.

서른세 마리를 그렸다. 나중에 그의 연인이 35세의 뱀띠라는 것을 알고 다시 두 마리를 더 그렸다. 그래서 '뱀' 은 순탄치 못한 그의 삶을 극복하는 상징적인 표현이었다고 한다.

최순우 씨가 박물관장으로 있을 때, 그의 권유로 「생태」를 박물관에 기증했다가 작품에 대한 애착으로 1년 만에 다시 찾아온 일이 있었다. 그런 일화가 있던 작품을 눈앞에 두고도 뱀이라는 섬뜩함으로 가까이 할 수 없음이 못내 아쉬웠다. 궁금한 것이 오죽 많았으며 듣고 싶은 얘기는 또 얼마나 많았던가.

어쩔 수 없이 그 방을 나서고 말았다. 저 뱀 그림 때문이라는 말을 할 수가 없었다. 생각해보면 그 얘기를 했다 해도 노여워하지는 않았을 것이었다. 오히려 다정한 마음으로 치워주었거나 보이지 않게 그 그림을 가려주었을 것이다.

대문을 나서려고 할 때, 내 머리칼을 만져보면서 이런 말을 건넸다.

"새댁, 머리 쪼까 길러 보까, 잉. 이만큼…."

내 어깨에 손을 얹으면서, 여기쯤 길어지면 좋겠다고, 내 등을 토닥거렸다. 머리가 그만큼 길어지면 꼭
한 번 들르라면서 손을 흔들었다.

그렇게 헤어진 후, 두어 달이 지났다.

셋째 녀석이 열이 나서 막 병원에 가려던 참이었다. 전화를 받았다. 머리 좀 길었느냐고, 처음 만나던 날 내게 했던 그 말을 잊지 않고 물었다. 아이가 괜찮아지면 며칠 새 들르겠노라고 했지만, 아이의 병은 유사장티푸스라고 해서 근 한 달여 동안 병원을 다녀야만 했다. 어영부영 몇 달은 금방 갔다.

또 한 번의 전화를 받았지만 마침 시어른이 계시어서 차일피일 미뤘다.

여름도 가고 겨울로 접어들었어도, 맞춤한 기회를 얻지 못했다. 나와 만난 한나절은 하마 기억에서 지워졌을 것 같

고, 더구나 두문불출 사람을 가까이 하지 않는다는 얘기를 들었던 터, 새삼 찾아간다는 것이 쑥스럽기도 했다. 그리고 오늘에 이르렀다. 이십 몇 년이 흘렀다.

그에게 가지 못한 핑곗거리는 또 있었다. 그의 작품 꽃무리 속의 여인과 꽃너울은 나의 동경이었다. 꽃내음이 우러나는 그 그림을 가지고 싶었지만, 천정부지의 그림 값은 나를 안타깝게 했다. 화랑에 늘상 진열되어 있는 그의 작품이 아닌지라, 아름아름 손이 닿아 그림을 가진 임자 쪽에서 요구하는 금액을 준비해 가지고 나가보면, 어느새 그림 값은 부른 값의 곱절이 넘는 것이다. 그렇게 거듭되는 세월 속에서 깨금발을 디뎌보고, 디딤돌을 고여 봐도 결국 그의 그림을 가지지 못했다.

'길례언니' 까지도 살갑게 느끼고 있었으니 누구보다도 나의 선망은 이뤄져야만 했다. 그래야만 그 그림을 안고 선걸음에 달려가 선생님께 자랑을 하고 싶었다.

언제일지도 모르는 그런 날을 손꼽았지만 많은 세월이 지난 뒤에야 그런 생각이 부질없음을 알게 되었다. 하지만 그렇게 소원하며 기다린 시간이 그리 헛된 것만은 아니었다. 봉숭아 꽃물을 손톱에 들이면 빨갛게 물이 들 듯, 애타게 가지고 싶었던 꽃너울의 화사한 색채가 내 마음 밭을 어느새 곱게 물들이고 있었다.

아직도 아픔으로 남는 것은 그가 내게 보낸 우연한 시선이다. 오롯이 그 교분을 감싸고 싶었는데, 무던히도 그리던 그와 나의 가교를 허물어버린 것은 언젠가는 그의 그림을 가진 뒤에 자랑을 하러 가야겠다고 욕심을 부린 내 어리석음이었다.

얼마나 미련스러웠는가를 깨닫게 된 그 후, 어쩌다 전시회에 갈 때면 그의 작품 앞에서 목을 축이는 것만으로 만족한다. 그런데도 전시장을 빠져나올 때면 가장 소중한 무엇을 빠뜨리고 나오는 것처럼, 돌아서는 걸음이 무겁기만 해서 몇 번씩이나 걸음을 멈추는 것은 어쩐 일이며, 아직도 가슴 한 구석이 시린 것은 무슨 조화인지 모르겠다.

머릿속에 떠올리는 것만으로도 가슴을 적시는 작품이 있다. 「내 슬픈 전설의 49페이지」이다. 그 작품은 목욕탕에서 처음 만난 그 즈음에 발표되었다. 아프리카 기행을 토대로 꼬박 1년에 걸쳐서 제작했었다.

화면 중앙에 커다란 코끼리 두 마리가 있고, 코끼리 뒤쪽으로 기린 두 마리가 긴 목을 쳐들고 서 있다. 사자나 호랑이, 얼룩말 등, 다른 짐승들은 멀찌감치 보인다. 그 큰 코끼리 등 위에 아주 작은 나신의 여인이 웅크리고 앉아 있다. 그곳은 열대의 초원이다. 작열하는 태양 아래 길게 늘어뜨린 머리, 무릎 사이로 고개를 떨군 맨살의 여인이 쭈그리고 앉아 있다.

그 큰 작품 앞에 섰을 때 외로움으로 가슴이 뭉클했다. 모든 것으로부터 소외된 짙은 절망. 그의 상심이 예리한 아픔으로 내게 전해져왔다. 울컥 치미는 뜨거움으로 이내 시계가 부옇게 흐려졌다.

그날 이후, 지워지지 않는 그 선명한 이미지는 나를 화두처럼 붙잡고 놓아주지 않았다. 그때의 애달픔이, 여물지 못한 그 아픔이 내 안에 통증으로 남아 있었다. 목욕탕에서 그를 만난 순간에 그 통증이 섬뜩한 느낌으로 되살아났다. 그럴 만한 자리가 아니어서 궁금한 마음을 묻어 두고 말았다. '화가의 방' 에서도 입을 열지 못함은 그의 화사한 웃음 때문이었다.

「내 슬픈 전설의 49페이지」는 그의 자전적인 작품이다. 102×146㎝의 크기였으니 만만찮은 대작이다. 어느 작품에서나 그의 삶이 흔적으로 남아 있지만, 이 작품 속에 담겨진 모티브는 작가 자신에서 비롯됨이 더욱 강하다.

마흔일곱이던 해, 20년에 걸쳐 만나고 헤어지고 다시 만나며 아이 둘을 낳고 함께했던 연인, 그 연인과 결별했다. 그리고 3년 뒤 「내 슬픈 전설의 49페이지」를 완성한다. 이미 그때는 18년간 재직했던 홍대 교수직을 사임하고 작품 제작에만 열중하고 있었다. 같은 그해 『문학사상』지에 자서전을 연재하기도 했다.

돌아보면 목욕탕에서 만났던 그 무렵이 홀로 칩거하던 때였음을 나중에서야 알게 되었다. 외출도 안 하고 그림에만 매달려 있다는 말을 그때 들었지만, 작품에 대한 욕심이려니 그렇게 여겼을 뿐이었다.

그런 연유를 알게 된 뒤에야 「내 슬픈 전설의 49페이지」에 드러난 고독, 질곡 많았던 세월의 회한, 그 절절함을 짐작할 수 있었다. 상처가 깊어서 비명소리도 지르지 못할 때, 그 통곡은 예술로 승화되어 한 편의 그림으로 표현되었을 것이다. 정한(情恨)으로 무너진 세월을 되돌아보며 붓을 옮기고, 글을 풀어낸 나날이 가슴 저미는 아픔이었으리라.

그때를 회상하면서 어느 기자와의 대담이 미술계간지에 실린 일이 있었다. 연인과 헤어지기로 결심을 굳히던 그때의 이야기였다.

"8개월의 긴 여행을 하면서 나 자신을 돌아보는 많은 시간을 가졌어요. 유럽에서 중세기의 그림들을 만났을 때 나는 큰 충격을 받았어요. 그 위대한 그림들 앞에서 나는 모든 덧없는 것들을 끊어버리자고 다짐했습니다. 이런 식으로 살아서도, 이런 식으로 그려서도, 안 된다는 것을 아프게 깨달았어요."

그때 돌아와서 그린 그림이 「이탈리아 기행」이다. 71~73년에 그렸다. 그 작품의 완성과 함께 그의 사랑은 끝이 난다.

"여행 중에 일본 여류작가의 소설 『그때가 왔다』를 읽었어요. 연하의 남자를 사랑하는 한 중년부인이 자신의 사랑을 '썩은 다리'에 비유하는 대목이 있어요. 언젠가 무너질 다리, 더 이상 가다가는 돌아오지 못한 채 다리가 무너질 것이라는 생각을 한 그 여자는 헤어지기로 결심을 하지요. 나도 귀국하는 비행기에서 북극의 빙하를 내려다보면서 갈라서자고 마음먹었어요. 같은 땅에서는 차마 못 헤어질 것 같아 외국으로 떠나려 했는데, 여행을 끝내고 같은 땅으로 돌아오면서 헤어지는 결심을 하게 되었지요. 오늘처럼 라일락이 만발한 그런 날이었지요."

그의 연인에 대한 추억은 또 있다. 그는 눈썹이 유난히 적어서 늘 눈썹을 그려야만 했다. 여름 날 땀을 흘린 화가에게 연인은 손수건으로 흐르는 땀을 닦아주면서도 눈썹은 지우지 않더란다.

1980년, 나는 잠시 인도네시아에 머문 적이 있었다. 남편이 인도네시아에 근무하고 있을 때여서 발리에 갈 계획을 세웠지만 이뤄지지 않았다. 여학교 다닐 때 구경한 「남태평양」이라는 영화 때문일까, 발리는 늘 뇌리에서 떠나지 않았다. 그러다가 87년에야 그 계획은 이루어졌다.

남편과 같이 근무하는 동료 한춘연 씨가 인도네시아 수자원개발청 발리지구 기술용역단장으로 체재하고 있었다. 그런 그곳에서 반가운 소식을 들을 줄이야. 천경자 화백이 미국에 있는 따님과 함께 일주일간 머물다 갔다는 것이다.

국립현대미술관이 과천으로 옮겨 개관할 때, 전시작품으로 인물화를 의뢰받았던 것이다. 그의 발리 여행은 그런 연유였다. 한 단장님은 그를 위해 발리의 관광 안내를 해드렸고, 또 하루는 한 단장님 댁으로 오신 선생님이 인도네시아 전통의상을 입은 가정부를 모델로 그림을 그렸다고 한다.

그 일이 있은 뒤부터 작품전이 있을 때면, 스물 네댓이었던 '와띠' 라는 이름의 그 발리 아가씨를 눈여겨 찾아본다. 개인 소장으로 깊숙이 간직되었는지 '와띠' 도 만날 수가 없다.

그의 그림에 등장하는 여인들의 머리나 귓가에 꽂아 장식하는 하얀 꽃을 볼 수 있다. 그 꽃은 열대지방을 다니다 보면 쉽게 눈에 띈다. 인도네시아에서는 Frangipani라는 이름으로 불리는 아이보리색 꽃이다. 고무나무 비슷한 커다란 나무에서 일 년 내내 피고 진다. 여름에 피어나는 나팔꽃 크기만 한데, 꽃잎이 다섯 장으로 갈라져 있다. 꽃술은 따로 없고 중심 부분이 노르스름한 빛깔이다. 그의 유명한 작품 「미인도」를 떠올리면 쉽게 기억할 수 있다. 그림 속 여인의 머리 위에 얹혀있는 꽃이 바로 그 꽃이다.

그 꽃은 나무에서 떨어져도 갓 피어난 꽃처럼 싱싱하다. 뜨거운 햇살 아래여서 단 몇 분만 지나도 시들어버리는 다른 꽃들에 비해, 화엽(花葉)이 도톰해서 그런지 한나절이 지난 땅에 떨어진 꽃을 주워도 멀쩡하다. 그 꽃을 볼 때면 그냥 지나치지 못한다. 그 꽃을 귓가에 꽂거나, 유리그릇에 물을 담고 꽃잎을 띄워두곤 했다. 더운 나라인데도 며칠씩 그대로 시들지 않는다.

인도네시아 잔칫집에 초대받아 갔을 때 알게 된 일은, 입구에서 오는 손님마다 하얀 꽃을 머리나 옷깃에 꽂아 주며 반갑게 맞이하는 모습을 볼 수 있었다. 환영한다는 의미로 그 꽃이 쓰이고 있었다.

그가 발리에 있는 동안 꽃을 실에 꿰어 만든 '레이'를 즐겨 목에 걸고 다녔다는 얘기를 들었다. 또 여기저기 들르는 곳마다 그의 발걸음이 머물렀다는 이야기를 들으면 괜히 마음이 설레었다. 똑같은 사물에 같은 느낌을 공유했다는 것이 왠지 뿌듯했다. 그 후, 어쩌다 여행지에서 그 꽃을 마주하게 되면, 그 분을 떠올리게 된다. 따습고 환한 회상에 잠기면서.

이어질 듯하면서 어긋나는 세월은 그렇게 흘러가고 있었다. 그러면서 엄청난 소용돌이를 그는 겪게 된다.

1991년도에 있었던 「미인도」 진위사건이다.

과천현대미술관은 「미인도」를 두 점 소장하고 있다. 인물화의 대표적인 화가였던 이당 김은호 선생의 작품과 천경자 화백의 작품이다. 이당 선생은 왕실의 초상화를 제작했을 만큼 독보적인 명성을 누린 대가였다.

이당의 「미인도」는 비단에 먹으로 섬세한 묘사법을 쓴 세필화이다. 신윤복의 「미인도」처럼 트레머리를 하거나, 저고리 춤이 짧고, 폭이 넓은 치마를 입은 에로티시즘이 느껴지는 그런 여인은 아니었다.

복사꽃이 만발한 꽃나무 아래 작달막한 키의 한국여인이 한 손으로 치맛자락을 걷어잡고, 오른손으로는 자주 고름을 만지작거리며 우아한 포즈를 취하고 있는 그림이다. 우리 동양화에서 오랜 동안 보아왔던 화풍이다.

또 한 작품은 천경자 화백의 「미인도」이다. 화선지에 원색으로 화려하게 채색된 꽃과 여인이 화면 속에 있다. 그의 작품에서 쉽게 대할 수 있는 그런 여인의 모습이다.

열대지방에서만 볼 수 있는 흰 꽃을 머리에 화관처럼 장식하고, 맨살의 여인 어깨 위에 호랑나비 한 마리가 날개를 접고 앉아 있다.

환상적인 색채가 도드라진 그의 「미인도」는 실재감 있는 인물화를 보아왔던 우리에게는 짙게 풍겨나는 이국적인 정취 때문에 다소 낯이 설기도 했다. 그 그림의 제작연도는 1977년이고, 천경자 화백의 서명도 있었다.

현대미술관에서는 91년 '움직이는 미술관' 이라 해서 그 「미인도」를 복재해서 판매하고 있었다. 어느 날 작가는 자신의 작품이 아니라고 항의를 했다. 진위 시비는 그렇게 해서 발단되었다.

화랑협회 감정위원회에서는 70년대의 화풍과 화집 등을 통해 면밀히 감정한 결과 진품이라 했고, 화가는 아니라고 했다.

작가는 그림에 그려진 나비, 흰꽃, 머리카락 등이 치졸하다 했고, 감정기구에서는 현미경 촬영에 의한 화질검사, X선, 적외선, 자외선 촬영 및 그림에 사용된 안료까지도 그 무렵의 다른 작품들과 일치하다는 것과 작품 유통경로가 확실하다는 점을 들어 진품이라고 판정했다. 다시 얼마 뒤 진위 판정이 불가능하다는 보도와 함께 그 사건은 미궁에 빠지고 말았다.

그는 절필을 선언했다.

"자기 자식도 구분 못하는 에미가 어디 있을 것이냐. 그 작품에는 내 혼이 없다."

자신의 억울한 마음을 그렇게 표현하며 분노했다. 미술계에서는 되레 나이 든 탓으로 미루며 곧이들으려 하지 않았다. 그의 나이 그때 60대 후반이었다.

결국 작품 활동을 접고, 예술인 모두가 바라는 예술원회원의 명예를 버리고 그녀는 미국으로 떠났다.

그때 사람들이 노망났다고 그녀를 내몰았던 것처럼, 정말 여든 되는 지난여름 치매를 앓는다는 신문기사를 본 일이 있다. 한 시절이 저무는 것을 실감하게 된다.

그가 진위 시비로 겪었던 십여 년은 짧다고는 할 수 없는 시간들이었다. 창작하는 예술인으로서는 그 사이에 더 많은 대작과 걸작이 나왔을 법한 시기였을 것이다.

꽃으로 치장한 환각적인 여인은 그가 창안해냈다. 어찌 보면 꽃, 여인, 동물의 모티브나 색채는 러시아 화가인 샤갈을 연상케도 하지만, 꽃으로 장식한 그의 여인들은 고갱의 작품에서 더욱 가깝게 만날 수 있다. 꽃의 형태뿐 아니라 색채에서도 강하게 드러난다.

그가 찾아간 태평양의 타히티에서 문명의 허구를 기피하고 그곳에 정착했던 고갱의 넋을 초혼(招魂)하다가 기진했다는 글을 읽은 일이 있다. '꽃과 여인' 의 주제에 흥미를 가진 그에게는 남다른 만남이었을 것이다.

생각해보면 그의 작품 모두를 시립미술관에 기증하는 결정으로 그의 아픔을 나타낸 것이 아닐까 싶기도 하다. 그를 위한 상설전시관이 문을 열었을 때는 이미 병으로 누워, 자신의 작품이 영원히 전시될 그 전시장에 발걸음 한 번 내딛지도 못한 채였다.

진위 시비가 있은 후로는 과천미술관에서 「미인도」를 전시실에 걸어두지 않고 수장고에 넣어두고 있다. 어쩌다 미술관에 들를 때면 「미인도」가 걸려 있던 자리를 눈으로 어림짐작해 본다. 그리고 씁쓸한 마음으로 돌아선다. 진위로 휘말렸던 그림과 그 그림 속 여인을 떠올리면서.

그림 앞을 지나는 이들의 걸음을 멈추게 했고, 부러움의 눈길을 한 몸에 받았던 여인이었다. 이제는 비웃음으로 수모를 당하고 허접처럼 버림받아 어두운 창고 속에서 먼지를 쓰고 있는 여인, 속마음을 털어놓지 못하고 가슴앓이를 했을 그 여인의 큰 눈에 담긴 허망함과 우수를 기억해 본다.

진위 시비가 있었던 일도 어느덧 십여 년이 흘렀다.

한때 그의 작품이라고 뽐냈던 그림 속 여인만이 진실을 알고 있을 것이다.

옷깃을 스치는 순간이 또 있었다.

큰딸아이가 미술세계라는 잡지사에 근무하고 있을 때였다. 밝은 얼굴로 집에 돌아온 아이는, "엄마, 나 오늘 천경자 선생님 댁에 갔었어요."

"어떻게, 무슨 일로 갔었어. 나한테 말을 좀 할 일이지."

숨도 쉬지 않고 다그쳤다. 딸아이는 갑작스런 일이어서

당황했던지 다음 말을 잇지 못하고 있었다. 한참만에야 자초지종을 들을 수 있었다.

딸아이는 그해 가을에 호암아트홀에서 있을 선생님의 회고전 특집 인터뷰 때문에 편집부장을 따라 선생님 댁에 가게 되었다. 그냥 간 게 아니라, 딸아이가 간수하고 있었던 『꿈과 바람의 세계』라는 82년도 출판된 화문집(畵文集)을 들고 갔었더란다. 그 책은 딸아이가 중학교를 졸업할 때 졸업선물로 내가 사준 책이었다. 엄마가 아꼈던 책이라고 했더니 빛바랜 누런 책을 한참이나 펼쳐들고 계시더란다.

딸아이가 나한테 미리 말을 했다고 해서 달라질 것은 없었다. 그 옛날 우연히 만난 한나절은 벌써 기억에서 지워졌을 짧은 시간이었을 테니, 그는 그때 일을 까맣게 잊어버렸는지도 모를 일이다.

"엄마도, 그런 일이 있었으면 진즉 우리한테 이야길 해주시지. 그랬으면 아까 선생님 뵈었을 때, 엄마의 그런 사연을 전했을 것인데…."

그날 딸아이는 요즘에는 무슨 글을 쓰고 계시냐고 선생님께 물었다고 했다.

글을 쓰고 싶어서 얼마 전에는 백화점에 가서 초를 사왔다고 한다. 예전에 글을 쓸 때면 늘 촛불을 밝혔는데, 웃음거리를 쓰고 있어도 울음이 복받치더라고…. 글을 쓰다가 눈물을 닦으면 초는 제 몸을 태우면서 촛농으로 울음을 대신하고, 그렇게 초와 하나되어 밤을 새웠다는 것이다.

색깔이 고우면 글이 풀릴까 싶어서 요즘에도 촛불을 켜두고 있단다. 촛불은 여전히 눈물방울을 흘리고 있는데, 가슴이 메말랐는지 단 한 줄의 글줄도 쓸 수가 없다면
서 붉은 색 양초 하나를 보여주더라고 했다.

살다보면 외로움이 깊어지는 그런 시간들이 있다. 바람에 나부끼는 나뭇잎, 가로등의 어슴푸레한 불빛, 전화선을 타고 들려오는 사랑하는 사람의 목소리는 가슴에 파문을 일으킨다. 그때마다 그 쓸쓸함을 표현하는 자신만의 방식이 있을 것이다. 그는 '푸닥거리하듯 글을 쓴다.' 고 했다. 그 푸닥거리를 못하고 있으니, 항상 곁에 이웃처럼 공존하고 있는 고통, 설움, 눈물의 봇짐들을 풀지 못해서, 그 막막함을 어찌 다 끌어안고 있었을까.

그날 선생님이 주셨다면서 딸아이는 다음 해 달력을 들고 왔다. 제 방 벽에 걸어두고서 들고나며 애지중지하더니 해가 바뀌어도 늘 그 자리에 걸려 있었다. 나도 가끔씩 딸아이 방에 건너가서 그 달력을 한 장 한 장 넘겨보곤 했다.

돌이켜보면 우리 두 딸과 나, 세 모녀는 천경자 화백을 향한 고임이 누구보다도 깊었던가 보다.

둘째딸아이가 시집을 갔을 때였다. 살림살이가 웬만큼 정돈되었다면서 친정식구들을 부르던 날이었다. 거실에 들어서자 눈에 띄는 그림이 있었다. 어미가 마련해준 그림 몇 점도 한쪽 벽에 장식되어 있었지만, 낯선 그 그림은 내 손을 거치지 않았기에 한눈에 알 수 있었다. 천경자 화백의 작품이었다.

네모진 플라스틱 쟁반에 프린트되어 있었다. 두 점을 사서 하나는 제 언니에게 주었다는 것이다.

어찌해서 어미만 빼놓을 수가 있느냐고 서운함으로 물었다.

"엄마가 천경자 선생님을 좋아하는 줄을 몰랐어요."

어릴 때부터 무엇인가 좋다고 생각하면 나는 남에게 자랑을 못했었다. 혼자 품고만 있었다. 먹을 것도 아낀다고 감춰두고서 썩히는 일이 많기도 했다. 그래서 늘 언니나 오빠에게서 놀림을 받았고, 아껴둔 맛있는 것까지도 다 가져가버렸다. 그렇다고 노여워서 울어본 적도 없었다. 되레 마음이 흐뭇했었다. 그래선지 내 어머니의 자잘한 헝겊쪼가리 하나도 수십 년이 지난 오늘까지 깊숙이 간직하고 있다. 그런 내가 어찌 그 분과 나눴던 어느 날, 그 일을 입 밖에 낼 수 있을까. 발설한 그 시간 이후로 그 일은 내게서 떠난 하찮은 이야깃거리밖에 아니 되었을 것이 뻔한데.

1995년 11월. 호암미술관에서 회고전인 '천경자 - 꿈과 정한(情恨)의 세계'를 끝으로 그는 화가로의 활동을 접었다. 그리고 큰딸이 있는 뉴욕으로 갔다. 그런 뒤 1998년 9월 자신의 소장품 모두를 서울시립미술관에 기증했다. 같은 해 11월. 작품 93점을 인수하러 그 분 자택으로 갔던 미술관계자의 회고담을 적어본다.

"작품 한 점 한 점에 담긴 의미가 자신의 삶과 천착된 때문인지 깊이 보관해 둔 작품을 자신의 손으로 건네주면서 마치 살점을 떼어 주듯 아파하시었다. 그런 노 화가의 모습을 바라보면서 뭉클했던 그때의 감회가 아직도 생생하다. 작품을 떼어낸 텅 빈 벽을 비워둔 채 미술관으로 향했던 우리의 마음이 무겁기만 했다."

그는 1924년 전남 고흥에서 태어나, 어린 시절을 유복하게 보냈다. 명창을 불러모아 잔치 벌이기를 즐기는 집안에서 판소리 가락을 흉내내며, 동네에 들어온 서커스 소녀를 동경하고, 그의 글과 그림에 모델로 나오는 '길례언니'는 우리 모두의 낯익은 얼굴이다. 한 마을에 살던 그 언니가 소록도 병원에서 간호원으로 일할 때, 원피스를 차려입고 마을에 나타나는 그때부터 부러움의 대상이 되었다.

어려서부터 화가가 되고 싶었던 그는 집안의 반대를 무릅쓰고 실성한 사람 시늉까지 하며 가족을 설득한다. 한 처녀가 문 밖으로 나가는 것이 금기로 여겨지던 그 시절, 국내도 아닌 먼 나라는 천지개벽이었을 것이다.

불가능이라는 인습을 박차고 미술의 명문인 동경미술전문학교로 유학을 떠난다. 나혜석, 박래현, 이종숙 등이 거쳐 간 학교였다. 그곳에서 담채의 기법으로 인물화에 몰입하기 시작한다. 그리고 선전(鮮展)으로 데뷔하며 한때 모교인 전남여고에도 잠시 있었다.

어떤 화가에게서도 찾아볼 수 없는 독특한 예술언어로, 자신이 꿈꾸고 그리워하는 동경의 세계를 그림 속에 담아내던 화가. 그림 곳곳에 꽃을 한 아름 안고 어딘가 먼 곳을 응시하고 있는 여인들. 심드렁한 듯하면서 큰 눈에 고인 슬픔을 보면 형언할 수 없는 신비감을 느낀다. 화폭에 그려진 그의 여인들이다. 애틋한 삶이 그곳에 있다.

"그림 속의 여자는 그린 사람의 본인이고, 꽃과 뱀, 머리에 얹은 것도 한이 많아서 머리에 뭘 인다. 정신에 필요한 영양소 같다.”

또 이런 말도 있다.

“나의 작품은 과거의 추억을 되살리고, 미래 세계를 상상하며 오늘의 꿈을 담은 한 폭의 드라마이다. 슬픈 생애의 단면, 화사한 보랏빛 행복, 꿈을 머금은 꽃, 나래를 펴는 나비, 그 길은 여인의 한이다.”

여인과 꽃은 그의 트레이드마크일 것이다.

야생꽃보다도 더 아름답고 화사한 색깔들로 어울린 화폭. 어린 날 친구의 죽음으로 해서 얼핏 스친 그 정경이 한 작가의 일생을 매달리게 했던 뱀 그림. 꽃무리와 꽃너울의 그 매혹적인 색채들이 내뿜는 애상을 누가 흉내낼 수 있을까. 그의 생활 속에 응집된 감성일 것이다.

그의 화폭에 그려진 꽃의 상징은 아름다움의 본질이기도 하지만, 생명의 덧없음일 것이다. 꿈과 환상으로 펼쳐지는 화폭마다 ‘맺힌 한을 풀고 싶어서 글을 쓴다.’ 고 말한 것처럼 화사한 색채로 메워지던 쓸쓸함. 갈등을 빚고 있는 고통의 대상을 절대고독을 녹여 빚은 상상의 세계로, 그렇게밖에 표현할 수 없었으리라.

동네 목욕탕에서의 해후가 ‘화가의 방’ 으로 이어졌던 어느 봄날, 그날의 삽화는 아직도 생생하게 마음속에 간직되어 있다.

섬세한 손가락 사이에서 모락모락 피어오르는 담배연기도, 환한 웃음도, 소주잔도, 보랏빛 홈웨어에 젖은 머릿결까지, 그의 모습 어디에도 허허로움은 보이지 않았던 그때, 천진스런 소녀 같기만 한 그런 날이었다.

자신의 그림을 글로 풀어 보여주는 멋진 글쟁이로, 그의 환상과 사랑, 질곡의 삶까지도 나는 사랑한다.

다시 한 번 전시실을 둘러본다. '화가의 방' 앞에서 걸음을 옮긴다. 언제쯤 다시 오겠느냐고 묻는 목소리를 들을 수가 없다.

친구와 함께 정동 길을 걸으며 가슴에 담긴 그의 잔영을 새겨본다. 그때 그를 만났던 봄날의 한나절을 떠올린다.

3부
나무들의 말씀

여숫골 호야나무

이른 아침 장항선 기차를 탔다. 홍성역에서 내려 해미로 가는 버스를 타려고 했더니 눈이 많이 쌓여 못 다닌다고 한다. 어렵게 떠나온 걸음 돌아설 수 없어 발만 구르고 있었다. 다행스럽게도 정오를 지나자 햇살이 퍼지면서 버스가 움직이기 시작했다.

예전 모습 그대로라는 읍성 남문에 다다르니 가슴이 뛴다. 사연 깊은 곳에 서 있어서인가. 그보다는 보고 싶은 나무를 만날 수 있어서일 게다. 눈이 덮여서인지 읍성 안쪽은 너른 들녘 같다. 건물이나 큰 나무들이 없어서인지, 저만큼 서 있는 나무 한 그루가 이내 눈에 들어온다. 곁가지들은 잘려나가고 구새 먹은 둥치만 흰 눈을 이고 있어

얼핏 보기에 고사목 같다. 나무 옆에 세워진 알림판에는 이렇게 씌어 있다.

> **호야나무**… 옥 입구에 서 있던 300년 된 나무다. 이 나무의 가지에 천주교 신자들의 머리채를 매달아 고문했다. 그 흔적으로 철사 줄이 박혀 있다.

이야기는 200여 년 전으로 거슬러 올라간다. 지금은 천주교 성지가 된 이곳 해미읍성은 '해뫼' 라 불렸으며 조선 초기에는 병마절도사 치소를 두었던 곳이다. 무반인 영장은 지역을 다스린다는 명분으로 천주교 신자들과 무고한 백성들을 마구잡이로 문책하며 수탈 참살했다. 1790년대부터 1880년대에 이르는 100년간에 걸친 신유, 기해, 병인박해 때는 하루에 수십 명씩 처형했고, 생매장시킨 사람도 수천 명에 달한다고 한다.

읍성 서문 밖에는 신자들이 형장으로 끌려가던 길이 있다. 그곳 돌다리 위에서는 '자리개질' 이라는 참혹한 방법으로 사람을 메어쳐 죽였다. 사람 수가 여럿일 때는 나란히 눕혀 놓고 돌기둥을 떨어뜨려 한꺼번에 죽이기도 했다 하니 당시의 정황이 눈에 보이는 듯하다. 팔이 묶인 채 끌려오던 신자들을 거꾸로 둠벙 속에 처넣어 죽게도 했다. 그 '자리개

돌' 과 '진둠벙' 이 지금도 그대로 남아 있어 보는 이의 가슴을 메이게 한다.

생매장되었던 주검은 해미천에 버려져 홍수로 유실되었고, 그들이 쓰던 묵주나 유물들을 어느 신부가 찾아내어 다른 곳으로 옮겼다가 얼마 전 여숫골에 안장했다. 바로 그곳에 순교탑이 세워졌다.

그들이 부르짖던 뜨거운 외침이 아직도 서녘 들판을 가로지르는가. 바람결에 그 원성이 들리는 것만 같다. 지금 설움으로 묻혔을 그 자리를 밟고 서 있음이 오히려 송구스럽기만 하여 발길을 다시 돌려 호야나무 옆으로 옮긴다.

나무가 있는 그 자리는 옛날 감옥 터다. 원래는 두 채의 건물이 있었다. 그 옥에는 많은 신자들이 갇혀 질병과 배고픔으로 죽어나갔다. 그들을 끌어내어 매달고 고문했다는 호야나무는 한겨울 서릿바람을 맞고 덩그러니 서 있다.

철사를 나무에 묶고 사람들을 매어 달았다는 가지에는 띠를 두른 듯 철사자국이 남아 있다. 옛날에 그 모질었던 매질을 증언하고 있는 동쪽으로 뻗어있던 그 가지는 1940년에 부러져 나갔고, 오래지 않아 가운데 줄기마저 폭풍에 꺾여져 버렸다. 그 후 천주교 측에서 이 지역을 직접 관리하며 오늘에 이른 것이다. 얼마 전 나무종합병원에 부탁해서 영양보급과 보강조치를 받게 한 뒤로는 수력이 한결 좋아졌다고 한다.

호야나무는 어디를 보아도 도도함이나 악함이 없어 보인다. 세찬 비바람을 어찌 홀로 감당했는지…. 발길질을 당하고 돌팔매를 맞아 생채기가 난다 해도 긴 세월이 지나면 새살도 돋으련만, 잘려나간 자리에는 새움 한 번 피어내지 못하였는가 여태 뭉툭하게 이지러진 채로다. 아직도 아물지 못하였음은 그때 그 풍상이 남달라서였을까.

어느 평온한 마을 동구에 있었더라면 지나는 길손의 쉼터쯤 되었을 터인데, 초여름 모 심던 일손들이 그 그늘에서 목을 축이기도 했을 테고, 동리 아이들의 놀이터가 되었을 터인데, 저토록 처절한 모습이 되었으니…. 까치집 하나 얹혀 있지 않으니 어쩌다 들판을 지나는 새들도 쉬어가지 않는다.

모진 생명들이 죽어가며 부르짖던 '예수마리아' 기도소리가 나무에 배어 있는 듯 눈바람 지날 때마다 그 소리가 귓

전을 울리는 것 같다. 눈 파란 신부님의 말씀이나, 장옷을 쓴 안방 아씨의 독송 그리고 행랑아범의 울부짖음이 낮게 혹은 처량하게 들리는 듯하다. 늙은 양친을 두고 가는 아랫마을 개똥이랑, 갓 댕기들인 짚세기 순이랑, 줄줄이 엮여나 가며 뒤돌아보았을 이 나무.

떼죽음을 당했다던 윗마을 우물안집, 혼삿날 받았던 건넛마을 처자는 기도문을 찢기지 않으려 치마폭에 감추었다가 서슬 퍼런 칼날에 베이고 말았다니 어느 한 사람 꽃상여에 실려나간 일 없고, 소리죽여 울음 삼킨 그 통곡들이 저 높이 닿았음인가, 하늘에서는 꽃잎 날리듯 눈송이가 분분하다.

이제 육신들은 숨을 거두었지만, 더운 피가 뿌려졌던 그 땅에서 잘려나간 자리에 두껍게 서린 자국만큼이나 긴 세월의 넋이 어린 호야나무. 몸통에 철삿줄이 파고들었으니 숨 조이듯 했으련만, 스러진 몸이 거름이 되었는가.

해마다 봄이면 쇠잔한 몸으로도 연둣빛 싹을 틔우고, 여름이면 노란 꽃을 피워 가신 님 숨결을 기리는 것일까. 그때 다 못 전한 외침을 바람에 실려 날리고, 빗물에 흘려보냈으니, 그 말씀이 세상에 퍼졌으리라. 이제야 발걸음 옮기는 순례객들마저 나무에 기대서서 아득히 지난 일이건만 목이 멘다.

여숫골이라 부르는 지명에도 유래는 있다. 죽어가던 신도들이 '예수마리아' 라고 읊조리던 기도 소리를 '여수머리' 라 알아듣던 주민들의 입으로 전해지고 다시 와전되면서 '여숫골' 이라는 땅 이름으로 고착된 것이다.

호야나무는 정식 이름이 홰나무다. 충청도 사투리로 호야나무라 부르던 것이 이 나무의 고유명으로 굳어진 듯 생각된다. 갓 둘레에는, 십 년 전에 어미나무의 씨를 받아 심은 네 그루의 후계목(後繼木)이 자라고 있다. 동서남북 네 방위에서 마치 하늘 높이 팔을 벌리는 시늉을 하며 큰 나무를 에워싸고 있다.

다시 꽃이 필 것 같지 않게 쇠잔해 보이는 어미나무가 새끼 나무 넷을 옆에 거느리고 있으니, 그 울타리 어찌 튼실하지 않으랴. 순교의 넋이 서린 큰 나무 옆에 뿌리내린 작은 나무들은 이름 없이 스러져간 순교자의 몸이 거름이 되어 해뫼에 떠오르는 아침 햇살을 받아 푸르게 자라기를 두손 모은다.

반송을 심은 뜻은

가끔 홍릉수목원에 간다. 울창한 수목 사이를 거닐 수 있어서 좋고, 이름만 들었던 나무들을 현장에서 확인하는 보람이 알차서 더욱 좋다.

한 바퀴 돌고 나면, 내가 알고 있는 자생식물 가짓수가 얼마나 알량한 것인가에 새삼 부끄러워지기도 한다.

그렇게 돌다가 내 발길이 자주 머무는 곳이 있다. 연구원 본관 건물 앞 너른 잔디밭 가운데 서 있는 소나무 한 그루. 옆으로 뻗은 작은 가지들이 우북하게 퍼진 둥그르름한 수형이 마치 우산을 펼친 모양이다. 그 옆의 다른 나무들처럼 곧고 우람하지는 않아도, 잘 가꾼 분재를 확대시킨 듯 조화로움이 담겨 있다. 반송(盤松)이다.

길가나 아파트 녹지에서 다보록한 유목(幼木)들을 보기는 해도, 저토록 멋진 수관(樹冠)을 펼치고 서 있는 모양은 상당히 드물다. 여느 소나무(赤松)에서는 느낄 수 없는 기품과 정감이 번진다. 만지고 싶고 기대고 싶고, 그 수피에 귀를 대면 무슨 이야기라도 들릴 것만 같다.

일본인 한 사람의 이름이 떠오르고, 그 유별난 사연을 풀어나가기 위해서는 자연히 우리의 아팠던 지난 역사로 거슬러 오르게 된다.

본래 이 언저리는 능역(陵域)이었다. 국운이 기울던 무렵 일본인에게 시해된 명성황후의 능이 이곳에 마련되었고(1897), 그 능호를 홍릉이라 부르게 되었다. 그러다가 고종능을 경기도 금곡으로 마련할 때 함께 이장했으며, 그 뒷자리에 임업시험장이 들어선 것이다. 지금도 언덕 뒤에 능지(陵址)가 있다. 그 임업시험장 연구관으로 아사가와 다쿠미(淺川巧)라는 일본인이 부임해 왔고, 그가 심은 것이 반송이다.

본디 반송은 소나무의 변종인데 줄기가 곧게 뻗지 않고 밑동에서 여러 갈래로 갈라지고 계속 새 가지를 치면서 자란다. 만지송(萬枝松)이라 칭송되는 까닭도 그런 데 있다. 기자(祈子)나 다복(多福)신앙과 얽혀 성스러운 나무로 여겨져왔다. '다복솔' 이라 일컬어지는 것도 그런 데 연유한다.

적송보다는 마디게 자라고 수명이 그다지 길지 않은 흠이 있지만, 함경도 지방을 비롯한 남한 여러 고을에 반송의 거목들이 자라고 있다. 홍릉 반송도 그 반열에 든다 하겠다.

다쿠미는 우리 고유 수종인 반송에 주목했다. 그래서 시험장 앞뜰에 그럴싸한 반송을 심기로 작정했다. 왜솔을 심어야 한다는 상부의 지시가 있었음에도 다쿠미는 그 자리에 반송을 심어야 한다고 우겼다.

마침 그의 눈에 드는 나무가 있었다. 지금의 과학원 자리에 있었던 홍릉초등학교 뒷산에 자라고 있었는데, 그걸 옮겨심기로 마음먹었다. 그 일에 종사했던 사람의 전언에 따르면, 그것은 대단한 공사였다고 한다.

요즘에는 장비와 기술이 좋아서 큰 나무를 옮겨오는 일이 쉽고, 또 이식한 뒤에도 잘 살지만, 일제 강점기인 그때 사정으로 이미 30년쯤 된 소나무를 옮겨 심는 일이 그리 만만치는 않았던 모양이다.

일꾼 40여 명이 둘레를 크게 파고 새끼로 돌려 떠서 뗏목 같은 틀에 실은 다음, 통나무를 받침목으로 죽 깐 위를, 조금씩 밀어 가는 식으로 지금 있는 자리까지 옮겨왔다고 한다.

얼추 잡아도 백살은 훨씬 넘었을 반송이 저토록 청청하게 살아있는 모습에서, 저 나무에 고인이 담으려 했던 깊은 뜻을 조심스레 더듬어 본다. 시험장 앞뜰 번듯한 자리에 우리

나무를 심고 일본 수종은 뒤쪽으로 보냈다던가, 산림의 남벌을 막고 간벌제도를 정착시켰다던가 하는 일들은 그가 범연한 인물이 아니었음을 말해준다.

다쿠미는 일 년 앞서 이 땅에 온 형의 뒤를 따라 총독부 관리 신분으로 왔으면서 일제의 식민지 수탈에 혐오를 느꼈다. 언어 풍속마저 버리고 일본인이 되라고 강조할 때, 그는 한복에 갓을 쓰고 장죽을 물고 동네를 돌아다녔다. 어린

딸에게도 집안에서는 우리말을 쓰게 했고, 생활용품까지 우리 것을 쓰고 우리 음식을 먹으면서 조선인으로 살기를 원했다.

어려운 사람을 도와 일자리를 구해줬고, 가난한 학생들에게는 학자금을 보태줬다. 한복을 입고 사는 그가 전차를 탈 때, 다른 일본인들이 그를 조선인으로 알고 천대하거나 자

리를 비키라고 욕설을 해도, 말없이 양보해주었다고 한다.

그는 형과 함께 방방곡곡을 누비며 도자기 가마터를 뒤졌고, 생활용기 하나하나를 그림으로 그리고 이름을 붙여 유명한 역작 『조선도자명고(朝鮮陶瓷名考)』를 출간하기도 했다.

그는 임업에 관해 많은 조언을 했고, 그 연구 성과는 오늘날까지도 이어지는 것이 많다고 한다. 뿐만 아니라 야나기 무네요시(柳宗悅)와 협력하여 도쿄에서 이조전(李朝展)을 열었고, 경복궁 안에 상설 조선민족미술관을 개설하는 일까지 이루어 놓았다.

다쿠미는 일본인이면서 조선인으로 살다가 조선 땅에 묻히기를 소원했다. 그 형제가 우리 겨레에게 바친 애정은 남다르다. 서대문, 서소문이 헐리고 또다시 광화문이 헐리는 것을 막으려고 야나기로 하여금 전 세계에 띄운 공개장 「사라지려는 한 조선 건축을 위하여」를 쓰게 만들었다. 파괴될 운명을 면한 광화문은 다른 곳으로 옮겨 세워졌다.

한국을 탄압 수탈하는 일본에 분노를 금치 못했던 사람들. 한민족 편에 서서 아픔을 함께 껴안고 고통을 더불어 나누려 했던 마음 씀씀이. 슬픈 마음을 투시하고 그것을 쓰다듬어 상처를 달래 주었던 사람들. 그 몇 안 되는 일본 사람들 가운데 하나가 아사가와 다쿠미다.

저기 저렇게 사철 내내 푸른 가지를 드리우고 있는 반송이 우리에게 그 내력을 말하고 있다. 심은 사람은 갔지만, 산천의 푸름과 더불어 귀한 값어치를 생생히 증언하고 있다.

아사가와가 급성폐렴으로 타계한 것은 40세 때의 일이다. 청량리 인근 예닐곱 동네 사람들이 몰려와서 서로 상여를 매겠다고 장사진을 이루었다. 하는 수 없이 몇 사람씩 교대로 상여를 매었다고 전한다.

한국식 토장을 원했던 평소 유언대로 지금 외국어대학 근처 공동묘지에 묻혔다. 해방이 되면서 잇따르는 도시 확장으로 많은 묘들이 일실되는 가운에서도 뜻있는 사람들에 의해 그의 묘소는 망우리로 옮겨져 잘 보존되고 있다. 묘비는 그가 생전에 사랑해 마지않던 백자 항아리 모양을 본떠 둥그스름하게 만들어졌다.

딸 하나가 있었지만 세상 떴고, 부인만이 몇 차례 다녀갔다. 지난번 왔을 때 남편의 유품 몇 점을 무덤에 아울러 묻고는 그 뒤로 소식이 끊겼다고 한다. 다쿠미의 고향 사람들과 그의 행적을 기리는 일본 사람들이 자주 찾아온다고 하니, 그는 가위 영생한 인물이 아닌가 싶다.

어쩌다가 수목원 잔디밭에서 혼례를 치르는 신부 신랑의 모습을 보기도 하고, 사생을 즐기는 어린이의 행사에도 맞닥뜨린다. 어떤 아이는 반송의 가지 뻗음을 열심히 좇아 그리고 있다.

저 자리에 반송을 옮겨 심을 때, 오늘의 저런 모습을 예견이나 했을까. 수난의 역사 현장에 나무를 심은 또 다른 뜻은, 바로 저런 미래가 있기를 바랐던 간절함이었을 것이다.

반송의 나무갓을 바라보면서 저토록 돋보이는 까닭은, 심은 이의 유덕을 기리는 후대 사람들의 정성이 한몫하는 때문이리라 믿고 싶다.

통곡의 미루나무

서울시 서대문구 현저동 101번지. 나는 지금 허물어진 형무소 터에 서 있다. 아랫녘에서는 꽃소식이 분분한데, 때 아닌 적설로 너른 마당 전체가 흰 눈으로 덮여 있다.

1908년 경성감옥으로 문을 열어 조국의 광복을 맞기까지, 수많은 애국지사들이 투옥되었고 고문과 처형이 자행되던 곳이다.

1987년 '서울구치소'라는 이름으로 불리다가 경기도 의왕시로 이전되기까지 80년 동안 서대문감옥, 서대문형무소, 서울형무소, 서울교도소 등 여러 번 명칭이 바뀌었지만 감옥이라는 점에서는 변함이 없었다.

그 이름의 변화만큼이나 지난 흔적들을 가늠할 수 없다.

안내책자에 실린 사진을 한참이나 들여다보다가 역사관으로 들어섰다. 역사관은 애국지사들을 고문하던 당시의 현장을 재현해 놓은 여러 종류의 고문실이 있다.

좁은 문을 들어서니 수감자가 된 듯한 기분이다. 이런 생각이 들었다. 내 어찌 헤아릴 수 있을까마는, 80여 년 전 독립운동가들은 이 좁은 문을 지나면서 어떤 마음으로 발걸음을 떼셨을까.

전신이 마비되는 고문기구의 벽관이 있고 독방을 재현해서 관람객들이 직접 들어가 체험해 볼 수 있게 한 공간도 있다. 움직일 수 없을 만큼 비좁아서 2~3일이 지나면 저절로 온몸이 마비되는 고문기구이다.

때마침 그곳을 관람하던 고등학생쯤으로 보이는 한 학생이 겁도 없이 고문기구 안으로 들어가더니 단 몇 초도 견디지 못하고 뛰쳐나온다. 온몸이 조여 들어서 견딜 수가 없다고 친구들에게 이야기하고 있다.

다시 몇 걸음 지나니 '유관순굴'이 있다. 유관순 열사가 죽음을 맞은 사방 1m도 채 안 되는 독방이다. 그 굴 앞에서는 서 있기조차 가슴이 시린지 사람들은 눈길을 피하고 만다. 유관순 열사의 사진만이 덩그러니 걸려 있다.

아우내 장터에서 독립만세를 부르다가 수감되어서도 아침저녁으로 만세를 불렀던 어린 소녀. 그때마다 잔혹한 고문을 당했지만 의지를 굽히지 않은 채 3 · 1운동 1주년인 1920년 투옥자들과 함께 옥중 시위를 벌였다. 그 뒤 이곳 지하 독방으로 격리되어, 빛이 들지 않는 캄캄한 먹방에서 고문과 영양실조로 열여섯의 한참 나이에 순국하셨다.

무심히 지나칠 수 없는 현장, 발걸음마저도 조심스러워서 숨을 죽인다. 이름조차도 생소한 여러 가지의 고문현장을 지나치며 나도 모르게 가슴이 죄어든다. 걸음을 세우고 다시 한 번 돌아본다. 환청인가, 그때의 신음소리가 들리는 듯하다.

어렵게 역사관을 빠져나왔다. 구름 낀 하늘을 올려다본다. 그 옛날 담장망루의 모습과 옥사였던 건물 한 채가 눈에 들어온다. 울타리 높이 쌓아 올려진 붉은 벽돌 하나마다 애달픈 사연이 새겨져 있는 듯하다.

아픈 사연은 무심코 내디딘 발밑에도 있다. 옥사 빈터 땅바닥에 보도블록 대신 깨진 벽돌조각들이 덮여 있다. 그냥 지나칠 수 없다. 수감 중에 있던 애국지사들을 강제 동원하여 구워낸 역사의 산물이기 때문이다.

벽돌 한쪽에는 일제강점시대에 '경성감옥'에서 제작된 것임을 입증하는 '京(경)' 자가 새겨져 있다. 한 걸음 또 한 걸음 내디딜 때마다 숙연해진다. 애국지사들의 한이 서린 아픔을 나는 지금 딛고 서 있다. 나도 모르게 신고 있던 신발을 벗어들었다. 잠시 동안의 형식이지만 그래야 될 것만 같은 마음이었다.

벗은 신발을 다시 신었다. 사형장 시구문으로 향한다. 시구문 밖은 묘지였는데 이런 사실을 아는가 모르는가 지금은 아파트가 빽빽이 들어차 있다. 원래 시구문은 사형을 집행한 시신을 형무소 밖 공동묘지에로 몰래 버리기 위해 뚫어놓은 일제가 만든 비밀통로였다. 자신들이 저지른 만행을 감추기 위해 폐쇄했던 것을 1992년 서대문 독립공원으로 조성하면서 입구에서부터 40m를 복원해 놓았다.

길이라고도 할 수 없는 좁고 어두운 지하로. 그 옛날 마치 하수도관 같은 그 길을 따라 이 나라의 많은 애국지사들이 형무소 밖 공동묘지까지 몰래 버려졌던 것이다.

시구문 조금 못 미처서 사적 324호로 지정된 사형장이 있다. 일제가 지은 목조건물이다. 전국에서 사형선고 받은 애국지사들을 이곳에 이감하여 사형을 집행했던 곳이다. 어두컴컴하고 음침한 목조건물 내부에는 사형수가 앉는 의자며, 그때에 사용했던 굵은 동아줄이 그대로 내려져 있다. 사형을 집행할 때 배석했던 사람들이 앉은 긴 의자도 그대로 보존되어 있다. 으스스한 한기에 머리카락이 꼿꼿이 서는 듯했다.

사형장 입구에 서 있는 한 그루 미루나무와 눈이 마주쳤

다. 진초록의 잎이 수없이 바뀌었을 터인데도 나무둥치는 거무스레하니 앙상하다. 이승을 못다 살고 간 이들의 한이 서려서일까. 아니면 맺힌 가슴 풀지 못하고 떠난 그들이 목이 메어, 나무가 그렇게 어설프게 생겼을까. 그 모두를 지켜보았을 나무는 어찌 견디어냈을까.

미루나무 아래 세워 둔 안내문에는 이렇게 적혀 있다.

> 통곡의 미루나무
>
> 사형장 입구 삼거리에 하늘 높이 외롭게 자라고 있는 이 미루나무는 처형장으로 들어가는 사형수들이 나무를 붙들고 통곡했다는 곳으로 유명하다.
>
> 또한 사형장의 또 한 그루의 미루나무는 사형수들의 한이 서려 잘 자라지 않는다는 일화가 전해지고 있다.

건물구조와 그 나무 위치로 보아 모든 사형수는 그 앞을 지나게 되어 있다. 일제 강점기 같으면 옥사에서 끌려나올 때 벌써 얼굴에 용수갓을 씌워 앞을 볼 수 없게 했다. 수갑을 채우고 그것도 모자라서 뒷짐결박에, 발목에는 족쇄까지 절그럭거리며 그 앞을 지나게 된다. 그뿐인가. 두 사람의 장정이 사형수 양편에 서서 수갑까지 채워진 그의 두 팔을 끼고 걸었다고 한다. 그런 와중에 어떻게 발걸음을 멈추고 통곡이라도 마음껏 할 수 있었겠는가.

끌려가면서 조금 있으면 세상을 하직한다는 것을 알아챘을 것인데, 사형장으로 걸어가면서 어떤 몸짓을 했을까. 품었던 꿈 지우고, 풀지 못할 억울함을 안고 마지막을 향해 내딛는 걸음. 그 모든 것들을 미루나무는 지켜보았을 것이다.

선열들 같으면 국운이 기울어 침략자의 손에 잡히었으니 죽는 처지를 비탄했을 것이며, 해방 후 전쟁에 휘말려 억울하게 죽어간 이들도 있었을 것이다. 아까운 죽음도 있었을 것이고 잘못된 죽음인들 어찌 없었으랴.

미루나무는 그들의 마지막 외침을 들었을 것이며, 사라지는 마지막 뒷모습도 보았을 것이다. 또 파렴치범일망정 그가 세상을 등지는 순간에 지은 몸짓이나 탄식도 기억할 테지.

가던 걸음 못 박혀 머물러 서서 어머니를 부르며 통곡했다 하니, 마지막 길에서 만난 나무는 마지막 가는 길의 어머니로 그런 날은 어머니의 가슴으로 함께 울었으리라.

무수한 발자국 못 박혀 서면 그 때마다 어찌 다 감당했는지. 그 통곡소리 하늘에 올라 노을에 젖었을까. 맑디맑은 하늘의 흰 구름이 되었을까. 높직한 가지에 걸려 우는 바람소리도 발걸음을 쉽게는 재촉하지 못했으리라.

땅을 내려다보며 살았던 마음들이, 하늘을 바라보며 살고 있는 미루나무를 부여잡고 마지막을 보냈을 그들의 영혼, 하늘에 모여 서리가 되었으리라.

통곡의 미루나무둥치에 손을 얹으니 처절한 몸 떨림이 전해져온다. 그리고 그때의 통곡이 들리는 것만 같다. 사형수들은 저 미루나무 옆을 스치면서, 짧은 순간이나마 하늘 높이 날아간 연을 바라보듯 유년 시절을 더듬기도 했을 것이다.

나무는 그저 보고 겪은 일들을 나이테 깊숙이 간직하며 나이만 더하였을 것이다. 무수한 발자국 지날 때마다 나무는 어찌 다 감당했을까.

우리들의 눈에 익은 미루나무는 고향 마을 앞 냇가거나 신작로에 줄지어 선 평화로운 나무였다. 그러나 통곡의 저 나무 우듬지에는 까치집 하나 얹혀 있지 않다. 겨울나무 빈 가지에 찬바람이 감길 때마다 마른 잎을 하나씩 떨군다.

어디에선가 비둘기 떼가 한 무리 눈밭에 날아와 앉는다. 바닥에는 모이도 없는데 구구구 하며 이리저리 몰려다니다가 화들짝 하늘 높이 솟아오른다. 공중을 한 바퀴 선회하다가 어디론가 가버린다. 새들이 날아간 자리는 허허롭다.

미루나무는 이제 하늘에 떠가는 구름을 바라보며 열린 마당을 기웃거릴 것이다. 공원 벤치에 앉아 담소를 나누는 젊은이들, 눈싸움을 하느라 너른 마당을 좁다고 뛰어다니는 어린 아이들, 또 한 무리는 공놀이를 하느라 시끌벅적하다.

저 통곡의 미루나무는 그 왁자지껄한 웃음소리를 들을 수 있을까. 그리고 그때의 만행 장면이 복원돼 있는 역사관에서 일본인 관광객들에게 열심히 설명하고 있는 안내자의 설명을 어떻게 생각할까.

그 안내자는 남편을 따라 한국에 와 있는 일본인 주부이다. 한글을 배워 우리의 역사책을 읽고 독립기념관과 망월동 묘역을 참배하면서 자기 민족이 저지른 만행을 알게 된 것이다. 참회하는 마음에서 자원봉사자로 일을 하고 있다.

우리 곁에서 아직도 고난을 기억하는 저 나무, 역사의 족적만큼이나 험난함을 겪는 나무, 파란 하늘을 이고 홀로 서 있는 미루나무의 모습이 외롭게 보인다. 눈발이 그친다. 하늘이 드높다. 겨울이 아무리 길어도 봄은 오고야 말 것이다.

월계관수(月桂冠樹)와 월계수

 여러 해 전 손기정 옹을 뵌 일이 있었다.

손옹의 건강이 여의치 않아 여러 차례 약속이 미루어지다가 갑자기 연락을 받고 나간 날이었다. 막상 뵙고 보니 생각했던 것보다 훨씬 쇠진한 모습이었다.

찻잔을 반쯤 비웠을 때쯤인가. 잠잠히 앉아계시다가 "70여 년이 지났는데도 어제 일처럼 생생해서…." 그렇게 서두를 꺼내시었다. 그리고는 띄엄띄엄 베를린올림픽이 있었던 그날을 풀어내시었다.

베를린 하늘에 울려 퍼졌던 우레와 같은 박수소리와 군중들의 함성을 떠올리기라도 하는 듯 지그시 눈을 감고 계시었다. 얼마쯤 지났을까. 점차 음성이 가라앉기 시작했다. 피곤함이 역력해 보였다.

어렵게 마련된 자리, 월계관수(月桂冠樹)의 내력을 들으려면 한나절도 모자랄 것인데 기력이 쇠한 어른께 예가 아닌 듯싶어 더는 여쭙지 못했다.

서너 달이 지났을까, 요즘에는 무던해서 바깥나들이를 하고 있다는 전화를 받았다. 마침맞은 기회였는데 공교롭게도 내가 허리 병으로 병원에 있을 때였다. 한 번 통증이 시작되면 앉고 서는 것조차 힘들게 하는, 그래서 몇 달씩 놔주지 않는 성깔 나쁜 허리 병은 그 해에도 나를 오랫동안 붙잡고 있었다.

해가 바뀌어 조금씩 거동을 하게 되었을 때, 맨 처음 손옹께 연락을 드렸다. 환후가 좋지 않아 병원에 계시므로 가족 외에는 드나들기가 어렵다는 전갈이었다. 그리고 얼마 뒤 타계하셨다는 소식을 들었다.

부음을 듣는 순간 퍼뜩 스친 생각은, 월계관수 얘기를 다 못 들었는데 하는 안타까움이었다. 어른이 가시었으니 먼저 애도를 표해야 마땅할 것인데, 앞가림 못한 일을 속상해하고 있으니 부끄럽기도 했다.

연작수필 「나무」를 『수필과비평』지에 연재를 하면서 내게 생긴 버릇이 있었다. 참고서적은 물론이지만 현장을 가야만 했고, 고증이나 자료, 증언이 있어야만 글을 쓸 수 있었다.

손옹이 타계하신 뒤 '월계관수' 라는 제목만 붙였을 뿐 더는 쓰지 못했다. 그러면서도 가끔씩은 그 나무를 찾아갔다. 그렇게 드나들기를 두 해째.

지난해 여름 애면글면 「월계관수(月桂冠樹)」를 탈고했다. 어설프게나마 퇴고를 하고 보니 더 잘 쓰지 못했음이 아쉬웠다. 그날은 해가 맞도록 그 나무 아래 앉아 있었다.

마침 『에세이문학』 출신 작가들의 동인지 『수필산책』이 올 여름에 출간될 예정이었고, '손기정 월계관수'가 서울시 8월의 문화재로 선정되어서 동인지에 그 작품을 싣기로 했다.

8월 말 출간된 동인지를 펴든 나는 놀라지 않을 수 없었다. '월계관수(月桂冠樹)'가 '월계수'로 고쳐 써진 것이었다. 제목은 그 글의 얼굴일진대, 제목뿐 아니라 본문에 쓰인 여덟 군데가 모조리 월계수로 손을 댔으니 그 오해(誤解)를 어떻게 만회할 수 있을까, 황당하기만 했다. 발송한 책이 천 부가 넘는다니 책을 회수할 재간도 없고, 개인적인 일이 아니니 다시 인쇄를 할 수도 없어 애만 태웠다.

월계수는 지중해 부근에서 자라는 올리브나무를 우리나라에서 월계수라 부르고 있다. 그 가지와 잎으로 만든 월계관을 고대 그리스에서는 우승자에게 씌워주었다. 그 관습은 아직까지 내려오고 있다.

1936년 베를린올림픽 때, 나라를 잃고 일본인으로 출전했던 굴욕적인 역사 속에서 손기정 선수는 마라톤 우승을 이루었다. 그때 독일총통 히틀러는 월계관과 함께 화분에 담긴 작은 나무 한 그루를 상(賞)으로 주었다. 2위와 3위에게는 주어지지 않는 오직 우승자만이 가질 수 있는 나무였다.

올림픽이 막을 내리고 손기정 선수는 세계 크루즈여행을 떠나게 되었다. 우승자에게 주어진 특전이었다. 호화여객선에서의 60일간은 하루하루가 경이로움이었다. 그렇게 꿈같은 나날을 보내면서도 그 나무 건사하는 일을 게을리하지 않았다. 나무를 가꿔본 일은 없었지만 분신과 같은 어린 묘목을 누구의 손에도 맡기지 않았다.

자다가도 일어나서, 식탁에 앉았다가도, 사람들과 어울리다가도 괜찮은 경치를 바라보다가도 잰걸음으로 가서 그 나무를 들여다보곤 했다. 손기정 선수는 그날 받은 그 나무를 가져와 자신의 모교인 양정학교에 심어 오늘에 이른다.

물을 많이 주어서 물손받을까, 아니면 마르거나 시들어버리지 않을까, 자신의 살붙이인 양 두 달간의 여행기간 내내 애지중지 공을 들였다.

조선인이라는 이름을 내세우지도 못하고 올림픽 우승의 영광은 일본에 빼앗겼지만, 그 나무는 우리 땅에 뿌리를 내렸다. 두어 뼘 될까 싶은 어린 나무였지만 낯가림 없이 수십 년이 지나는 오늘까지 무성하게 우거져 있다.

서울시보호수로 지정된 월계관수(月桂冠樹)의 내력은 이렇게 아픔으로 이루어졌다. 세상에 단 한 그루밖에 없는 오직 손기정 선수로 해서 고유명사화 된 나무이다.

월계관수의 수종을 굳이 가린다면 북미산 참나무이다. 다른 때와 달리 그 해에는 월계수를 사용하지 않았었다. 이런 연유로 해서 그 나무는 월계수가 아니다.

월계관수라 명명(命名)한 데는 학명(學名)이나 수종(樹種)의 옳고 그름을 밝히어 따지지 않았다. 암울한 일제치하에서 우리 민족의 기상을 드높였고, 일장기 말소사건 등을 상징적으로 보여주는 뜻 깊은 나무인 것이다.

'월계관수(月桂冠樹)'를 월계수로 고친 이유를 짐작은 한다. 흔히 알려진 월계수라 생각되어 월계관수의 관(冠)자를 지워버린 것은 아닌지.

문학은 하나의 상징으로 개념을 만들어내는 작업일 것이다. 정서와 사상을 상상의 힘으로 나타내는 작업이니 독자적인 견해와 안목이 다를 수밖에 없지 않을까. 어쩌면 문학만이 이루어낼 수 있는 일일 것인데, 문학인의 시선으로 그려지는 나무는 일반적인 개념과는 차이가 있을 것이라고 여겨졌다.

어느덧 여름이 지나고 있다. 차츰 날이 가면서 상했던 마음도 서서히 누그러지고 있다. 일을 하다보면 실수도 있는 일, 아쉬움은 남지만 그럴 수도 있으려니 생각하련다.

오늘도 손기정공원에 들러 그 나무를 바라본다.

"어린 낭구를 심은 담부터 이틀 걸러 양정학교에 가설라므니 월계관수에 물을 주었디요. 아주 흐뭇했디요. 올림픽에서 사생결단으루 뛰었던 내 모양새는 온데간데없는데 그 낭구는 해가 달리 무럭무럭 자라고 있지안갔디요. 내레 그르게 푸르러지는 것 같았디요. 기래서 내레 병도 안 걸리고 늙지도 않을 줄 알았디요."

특유의 평안도 말씨가 참 정겹게 들렸다.

"담에는 월계관낭구 보러 가자우요. 내레 병 걸리지 않았을 땐 노상 디레다봤디요. 그 낭구 바라보고 있으라믄 니었던 일들도 생각날끼니까 꼭 그리 하자우요."

차근차근 더 많은 이야기를 들려주겠다고 하셨던 음성이 아직도 생생하다. 병고로 해서 더는 뵙지 못했음이 후회막급이다. 시간은 아무 때고 나를 기다려 주지 않음을 절감하면서 걸음을 옮긴다.

해방의 소용돌이와 6 · 25전쟁, 굴곡의 세월 속에서도 늘름하게 자란 월계관수, 남다른 마음으로 보살펴온 손옹의 정성 때문이리라.

한낮 햇살에 무성하게 우거진 월계관수 잎들이 은빛으로 눈부시다.

매화가지에 꽃댕기

오랫동안 접어두었던 월매이곡병(月梅二曲屛)을 다시 펼쳐놓은 것은 지난겨울 일본을 다녀온 뒤였다.

해묵은 굵은 둥치가 비스듬히 그려졌고, 옆으로 뻗은 가지에는 흰색 꽃들이 피어 있다. 그루터기에 핀 파르스름한 이끼는 예스러워 운치를 더하고, 해맑은 향이 번져오는 것만 같다.

지난해에 남편과 같이 일본 규슈의 작은 마을에서 하루를 묵게 되었다. 일찍 잠이 든 때문인지 자정이 지나 눈을 떴다. 방안이 환했다. 날이 밝았나 싶어 엷은 커튼을 젖히니, 창밖은 고즈넉했고 사위에 달빛만 푸르다.

밤이 깊어질수록 어디선지 향긋한 내음이 방안 가득 새어

든다. 슬며시 창을 밀쳤다. 잊고 지냈던 꽃내음이었다. 궁금한 마음 가눌 길 없어 남편을 깨웠다.

밖으로 나오니 저만큼 떨어진 비탈에 작은 텃밭이 있고, 그곳에 한 그루 나무가 서 있었다. 얼핏 보기에 옥색 너울을 쓰고 있다 할까.

흰색 매화였다. 꽃잎 하나만 날려도 그 소리가 들릴 듯 가라앉은 밤, 매화가지에 비치는 담담한(淡淡)한 달빛, 그 달빛 부서지는 소리가 들릴 것만 같다.

한참을 그렇게 서 있었다. 그윽한 향기는 매화의 품격이며 묵언의 시(詩)일진대, 설혹 시린 바람이 지난다 해도 후회될 것 같지 않았다. 매화가지 흔들며 봄을 일구고 있을 것이기에.

격이 있는 한 그루 매화를 늘 마음에 그리고 있었는데, 달빛 어린 매화를 만날 수 있었으니 그보다 더 귀한 일이 어디 있을까. 남편의 성화 때문에 방으로 들어오면서도 행여 시새움으로 세찬 바람 일어 꽃잎 날릴까 돌아보고 다시 보며 걸음을 옮겼다.

처음 그 방에 들어섰을 때는 허술한 유리문을 보며 염려도 했었건만, 생각해 보니 밀폐된 현대식 건물이 아니었음이 다행스럽게 여겨진다. 잠을 깨운 달빛과 꽃내음을 고맙게 여기며 매화를 노래한 소동파의 시구를 떠올렸다.

남해의 신선이 사뿐히 내려와

달밤에 흰옷 입고 와서 문을 두드리네.

옛 선비의 풍류는 짐작만 할 뿐, 내 가슴에 고인 그 시정을 읊지 못하는 애석함으로, 새벽이 다하도록 매화나무를 바라보며 창가에 앉아 있었다. 아쉽지만 옷에 밴 향기와 달빛을 안고 돌아왔음에 만족하기로 했다.

이튿날 아침 식탁에 앉은 남편은 여관 주인에게 매화나무 칭찬을 아끼지 않았다. 그리고는 이것저것 내가 궁금해 하는 것들을 물어주었다.

이야긴즉 이러했다.

그 마을에 사는 처자와 혼인을 한 가난한 젊은이가 처가에 와서 살고 있었는데, 새색시가 그만 병으로 세상을 떠났다. 딸을 낳으면 매화나무를 심자고 했던 언약을 떠올리며 열심히 일해서 모은 돈으로 작은 밭을 샀다. 그리고는 색시가 열일곱 해를 보낸 친정집에서 매화 한 그루를 가져와, 그 밭에다 심었던 것이다. 덧없이 피었다 지는 매화처럼 두 해를 살고 간 그녀를 기리며.

그날 이후, 매양 꽃대가 되면 매화나무는 기약 저버림 없이 꽃으로 피어 그를 찾아오고, 그는 붉은 댕기를 꽃가지에 매달아 애끓는 정으로 그녀를 맞이한단다.

어젯밤 꽃가지에서 나풀대는 리본을 보았는데 바람에 날아온 헝겊조각인 줄 알았을 뿐 그런 사연이 있는 줄은 몰랐었다.

젊은이의 나이가 늘어갈수록 수형은 더욱 아름답게 다듬어지고, 꽃은 해를 거르지 않고 피고 졌다.

하루도 거르지 않고 와서 나무 둘레를 살피고 가던 그도 이제는 아흔을 바라보는 노인이어서 가끔씩만 다녀간다고 한다.

어디 늘 피어 있는 꽃과 견줄 수 있으랴. 다음 해를 기다려야만 만날 수 있을 것이니. 낙화를 바라보는 노인의 마음이 어찌 애달프지 않을까.

떨어진 꽃잎 하나도 밟을 수 없어 살며시 주워들었다.

'매는 내 처요, 학은 내 아들' 이라며 평생 매화와 함께 살았던 중국의 임화정처럼, 그도 아내를 기리며 매화를 바라보고 살았는지도 모르겠다.

다른 나무처럼 쉽게 번성하지 않으니 고귀하고, 꽃봉오리가 활짝 피지 않아 단아하며, 해가 갈수록 그루터기에 격이 생기고, 찬 서리 이겨내 묵은 가지에서 꽃을 피우니, 그 성정을 절개의 상징으로 여인들에 비유되였으니 그 옛날 시인 묵객의 마음을 끌었던가 보다.

옛 여인들 또한 매화를 새긴 매화잠을 머리에 장식하며 일부종사의 미덕을 지켰다는데, 그 매화나무의 주인도 그런 마음이 아니었을까.

마을의 어느 나무보다도 먼저 꽃소식을 전한다는 그 매화나무는, 그녀를 기다리는 임에게 어서 오고자 매화 가지에 봄을 실어 달려오는가 보다.

그가 돌보지 않았더라면 밭 어귀에 서 있을 한 그루 흔한 나무였을 테지만, 그 사람과 만남으로 해서 매화나무에 사연이 깃드니, 이렇듯 만남이란 아름다운 것인가 보다.

다시 봄이 오고 매화를 추억할 때면, 안방에 놓인 월매도(月梅圖)를 바라보며 그때의 매화나무와 가지에 매달린 꽃댕기를 떠올리게 될 것이다.

폭나무의 세월

그림에서 암울한 분위기가 풍겨난다. 미감(美感) 이전에 본원적으로 내뿜는 메시지가 강렬하다. 「팽나무와 까마귀」라는 작품 앞에서 나는 붙박인 듯 서게 되었다. 어두운 하늘을 배경하고 한쪽으로만 뻗은 수관(樹冠), 그 앞에 웅크리고 앉은 까마귀의 실루엣.

50여 점의 연작은 제주의 한을, 척박했던 당시를 생생하게 보여준다. 어느 역사책의 서술이 이 그림들보다 더 잘 드러낼 수 있을까. 서양화가 강요배 씨의 '4 · 3역사화전(歷史畫展)'을 관람하고 미술관을 나올 때는, 한라산을 가로지르는 강한 바람을 맞닥뜨린 느낌이었다.

여러 날이 지나도록 그림 속의 나무가 눈에 선했다. 그 나무의 모델이 있는 곳을 수소문하고, 4 · 3에 대한 문헌을 찾아 읽으면서, 희미해져가는 지난날을 그림으로 되살린 작가의 의중을 엿볼 수 있었다. '역사화전'을 다녀 온 열흘쯤 지나 제주도를 향해 걸음을 옮기게 되었다. 오랜 세월 이야기를 담고 있는 나무를 만나리라는 기대로 가슴이 부풀었다.

육지를 떠나 하늘에서 내려다본 제주는 외로운 점(點)이었다. 탐라라는 작은 섬. 삼별초항쟁이나, 프랑스 함대와 대치한 이재수난, 왜구의 침략 등 곳곳마다 역사의 상흔들이 스며 있을 것이다.

예약했던 택시기사를 공항 로비에서 만나 동복리 쪽으로 향했다. 택시가 해안도로를 따라 들어서자 너른 바다와 푸르른 나무들, 돌담들이 눈에 들었다. 바람을 막기 위해 올레담을 쌓고, 외적을 막느라 바닷가에는 돌 성을 쌓은 것이 벌써 700여 년 전이었으니 참으로 오래 전부터 돌담으로 서 있었던 셈이다. 싸움이 있을 때마다 여자들은 삼태기나 치마폭으로 돌을 나르고 남자들은 뽕개질로 왜구들을 향해 돌팔매를 퍼부었다.

"예리 당포에 왜배가 들라. 칠성같이 벌어진 관당(이웃 친척) 담월(빽빽이 모여 있는 별자리 이름)같이 모여나 보세."

끊임없이 이어지는 왜구의 침략이 끝내는 일제강점기의

치욕으로 변했다. 해방 후에는 제주도에 인민위원회라는 자치행정기구가 세워졌다. 징병이나 징용, 강제노역으로 끌려갔던 6만여 명의 사람들이 간신히 고향으로 돌아왔건만, 일자리도 없고 생필품도 귀했다. 설상가상 2년간의 가뭄으로 흉년에 돌림병인 호열자가 퍼져서 수백 명이 목숨을 잃었다.

1947년 3월 1일 3만 군중이 양과자 반대운동으로 미군정에 시위를 하자, 당국에서는 총을 쏘아 여섯 명의 사상자를 냈다. 주민들은 이에 맞서 총파업을 하게 되었다. 그러자 육지로부터 서북청년단과 응원경찰대가 파견되어 "빨갱이를 소탕한다."는 명분 아래 조금이라도 불평하는 사람들이 있으면 구금, 고문을 자행했다. 탄압에 항거하는 제주도민들의 횃불시위가 시작된 것이다. 젊은이들은 탄압을 피해 산으로 가거나 자위투쟁을 위해 훈련을 하고, 여자들은 간장을 담은 허벅과 소금가마니를 산으로 지어 날랐단다.

운전기사가 전해주는 이야기에 잠겨 있는 동안, 차는 해안도로를 벗어나 들판을 지나고 있었다. 그때 "이제 동복리 다 왔는데요."라는 말과 함께 돌무더기 옆에 차가 멈췄다.

지나는 사람도 거의 없는 한적한 들판이었다. 폭나무 한 그루가 서 있었다. 그림 속의 그 나무를 마주하니 가슴이 뛰었다. 나뭇가지들이 한쪽으로 쏠려서 마치 긴 머리가 옆으로 나부끼듯 그렇게 뻗어 있었다.

볼거리도 없는 곳에 어찌 왔는가 싶은지 안내원은 뜨악한 얼굴을 했다. 그림 속 팽나무를 찾아 온 것을 그가 어찌 짐작이나 할 수 있으랴. 팽나무를 만나러 왔다는 내 말에, "팽나무가 어떻게 생겼어요?"라며 고개를 돌리다가 생각이 난 듯, '폭낭' 이 아니냐고 되물었다. 제주도에서는 '폭낭' 혹은 '폭나무' 로 부른다는 말을 덧붙였다.

눈앞에 서 있는 나무가 그 폭나무였다. 미술관 벽에 걸려 있던 액자 속의 나무를 일순간에 옮겨다 나를 위해 들녘에 세워 둔 것 같았다. 다른 게 있다면 까마귀의 실루엣이 보이지 않을 뿐이다.

100년이 넘는 긴 세월 동안 동네 어귀에 서 있다고 했다.

빈 나뭇가지 사이로 불어오는 바람이 향방을 모르게 가버린다. 폭나무 위로 하늘을 선회하며 날아가는 까마귀 한 마리가 언뜻 눈가를 스치는 듯하다.

태생이 그런 것일까. 나무의 모양새는 푸근함이 전해오는 나무갓이 아니다. 뒤틀린 채 서 있다. 바다 쪽에서 불어오는 세찬 바람 때문일까. 아니면 역사의 세찬 역풍 때문일까. 궁금하게 여기는 내게, "그 나무보다 더 이상야릇하게 생긴 나무도 있거든요."하고 전해준다. 그 말을 듣고 나는 선뜻 앞장을 섰다. 그림에 있는 동복리 폭나무만 보리라 여겼는데, 제주의 폭나무를 순례하는 일정이 되었다.

동광리로 들어섰다. 너르디너른 들판이 한눈에 들어온다. 지금은 없어진 무등이왓이라고 했다. 땅의 생김새가 춤을 추는 어린아이 같다고 해서 무동(舞童)이고, '왓' 은 밭의 제주방언이다. 또 다른 뜻은 '무등(무덤)이 있는 밭' 으로, 제주에서는 자신들의 밭에 무덤을 쓰는 오랜 풍습으로 중산간 마을 웬만한 밭에는 다 무덤이 있단다.

드문드문 서 있는 폭나무에게서 차마 발길을 떼지 못했다. 덤불 속 돌무더기 옆에 중동무이로 꺾인 나무가 폭나무라 하니 그러려니 할 뿐, 뒤틀리고 꼬여 우그러진 밑동, 곧게 자라지 못하고 옹이진 마디마디, 뭉툭 잘리고 앙상히 휘어진 가지들. 척박한 자연환경 때문일까. 바다에서, 육지에서 불어닥친 4 · 3의 격랑 때문일까. 불에 타고 그슬린 나무의 사연은 언제쯤 들을 수 있으려나.

그 자리에도 사람들이 살고 있었다. 화전을 일구고 다랑이 밭을 갈았다. 억새풀로 지붕을 이었고 쇠막도 지었다. 산막에서는 숯도 굽고 쇠테우리도 하며, 비옥한 땅은 아니어도 밭에는 메밀을 갈았고, 고구마는 썩 잘 되었다. 들판 가득 고사리가 터 오르고, 우물가 물팡에는 붉게 핀 동백꽃이 있었을 것이다. 마을마다 높직한 폭나무가 당산을 이루었다. 여름이면 나무 아래 짙은 그늘이 드리워졌고, 평상이 놓였다. 그곳은 개구쟁이들의 놀이터였으며, 일터의 일이나 집안의 어려움, 마을의 대소사를 나누는 장소였다. 설령 갈 곳 없는 뜨내기가 찾아든다 해도 넉넉한 품으로 맞이하는 인정이 오갔을 것이다. 그러나 지금은 잡초만 우거진 빈 터가 되었다. 불어오는 바람이 마른 억새풀을 흔들며 지나간다.

“중산간마을이 불바다가 되었을 때, 몽땅 타 버려서 그렇지요. 나무만 탔나요. 사람도 변을 당했지요. 우리 아버지랑 큰아버지도 그때 가셨대요.”

그의 휑한 시선이 먼 하늘로 옮겨진다. 팽나무 둥치에 도끼날이 파고들고, 남은 가지가 불에 타 버린 것도 그때였다고 한다.

"제주 사람들은 4·3 얘기 싫어해요. 누구도 입 밖에도 내지 않습니다."

왜 안 그럴까.

자고새면 돌밭 일구어 밭작물이 커나는 것을 보람으로 여겼을 시간들. 저녁거리 안치며 식구들을 기다렸으련만, 눈 깜짝할 사이에 자식을 잃고 부모 형제를 여의었으니 그 마음 어디에 닿으랴.

"그때가 1948년이었어요. 4월 3일 새벽 1시. 오름마다 일제히 봉화가 올랐지요."

그는 허심하게 지난날을 풀어갔다. 500명가량인 무장자위대의 반격이 시작되었다. 무장대는 본토에서 들어온 경찰과 서청의 추방을 요구했지만, 더 많은 군인과 경찰이 증원되어 도민들은 산속으로 피신하게 되었다.

육지에서 들어온 진압군은 누가 아군이고 적군인지 구별할 수 없으므로, 한라산 중산간마을 주민들을 해안마을로 옮기라는 소개령이 내린다. 군 연대장으로 부임한 송요찬 소령은, 해안선으로부터 5㎞이상 떨어진 중산간지대를 통행하면 총살하겠다는 포고문을 발표했다. 그리고 토벌이 시작되었다.

제주지역은 해안마을과 해발 200m이상인 중산간마을로

나뉜다. 조선 초기까지 제주도의 촌락은 해안가에 있었지만, 왜구들의 침략으로 중산간마을이 형성되었다. 그랬으니 지형상 '해안선 5㎞ 이외의 지점'은 일반인들이 살고 있는 구역이나 마찬가지였다.

갈 곳이 없는 사람들은 남의 집 헛간살이라도 마다하지 않았지만, 겨울이 되면서 추위와 굶주림으로 다시 마을로 돌아와야 했다. 그런 과정에서 빨갱이와 폭도라는 이름으로 뜻하지 않은 변을 겪고 가족을 잃게 된 것이다. 100여 마을 이상이 참화를 입었다. 가축과 산림 피해도 엄청났다. 그 후 4 · 3의 유족들은 '붉은 것'이라는 낙인으로 연좌제에 묶여 고초를 겪었다. 정부에서는 4 · 3의 논의가 금기시되어 왔고, 김대중 정부에서 철저히 규명하겠다고 약속했지만 제대로 이뤄지지 않았다.

1994년에 피해신고 접수처를 만들었지만, 유족들은 피해의식에 젖어 신고조차 못한 사람들이 많았다.

"우리도 신고 안 했어요. 한들 뭐 하겠어요."

오랜 세월 덮어져 있던 이야기를 이어가는 내내, 그는 중간 중간마다 긴 한숨을 내쉬곤 했다. 저물녘에야 자리를 털고 일어났다.

제주시로 돌아오는 길에 한림읍 명월리와 납읍리에 총맞은 나무가 있다고 해서 찾아갔다. 중산간이 소각되면서 웬만한 나무들은 타버렸건만, 고목들은 얼을 입은 채 얼마간은 남아 있더라고 했다. 막상 명월에 도착해보니 총상을 입은 나무들이 서 있던 자리는 아스팔트 도로로 변해버렸다. 어렵게 찾아온 걸음이 아닌가. 어찌해서 총격을 당했는지 그 내력이나마 듣기로 했다.

성읍에 있는 나무처럼 해묵었다고 전해진다. 어른 두엇이 아름드리나무에 몸을 감추어도 누구도 알아차리지 못할 만큼 둥치가 컸다. 마을 전체가 불바다가 되던 날, 그 나무에 숨어 있던 사람들이 드러날 수밖에 없었으니 인명피해뿐 아니라 나무들도 덩달아 총상을 입었다고 한다.

상이군경처럼 불에 타고, 총구멍이 나도, 뭉툭한 가지에서는 새순이 트고, 다시 봄이 오면 새 가지를 뻗었다. 그렇게 해를 거듭하면서 수세를 넓혀갔다. 지난 세월의 위용을 갖추며 꿋꿋하게 살고 있었다.

사람들 머릿속에서는 서서히 잊히는 지난 일이어도 불타버린 마을에 땅만 남고, 돌만 남았어도, 폭나무들은 그 어려웠던 시절을 묵묵히 마을 지킴이로 견뎠던 것이다.

애면글면 버텨온 세월을 전기톱으로 한순간에 베어졌으니 어찌 안타깝지 않으랴. 도로를 넓힐 때 해묵은 나무들을 비켜갈 수는 없었던 것일까. 먼 나라 독일에서는 집 안에 있는 오래된 나무 한 그루도, 관할청의 허락을 받아야 벨 수 있다고 하던데….

"성읍에는 정말 장 생긴 폭나무가 있어요. 느티나무처럼 둥그스름하고, 흠도 없어요." 정말 잘 생겼다고 몇 번씩이나 되풀이하는 그의 말을 따라 성읍으로 갔다.

성읍 민속마을 한복판에는 천년수로 이름난 느티나무가 의젓했다. 그 주변의 훤칠한 폭나무가 눈길을 끈다. 폭나무는 600년생의 천연기념물로 보호받고 있다. 어른 세 사람이 팔을 벌려도 손이 맞닿지 않을 만큼 우람하다. 세월의 켜가 쌓였음에도 구새먹은 데 없이 무성하게 가지를 펼치고 있다. 순리로 자란 나무와 역리(逆理)를 이기면서 뻗은 나무가 이렇게 다른 것인가.

그 나무들을 바라보면서 이런 생각이 들었다. 새잎 피어날 무성한 가지는 너른 그늘 드리워, 오가는 이에게 쉼을 줄 것이니 얼마나 평온한 일일까. 변고를 겪지 않고 수백 년 살아온 우람한 둥지처럼, 제주민들의 앞날도 그렇게 튼실해서 연둣빛 잎새처럼 빛날 것이라는 바람이었다.

도너리 오름을 찾아가면서 볼 수 있었던 것은 계단식 밭이었다. 예전의 화전마을임을 짐작게 하는 아픔 때문인지 지금은 바라보기조차도 꺼리는 곳이 되고 말았다. 없어진 마을이니 나무인들 어찌 남아 있으랴.

농사짓고 짐승 키우며 삶을 이루었던 사람들은 간 곳 없고, 외지에서 온 약삭빠른 사람들에 의해 지금은 남의 땅이 되었단다. 마을을 잃어버린 후손들은 어디에 흩어져 있을까. 손때 묻은 세월의 자취를 어디서 찾을 수 있을까.

화전으로 일구어낸 밭에는 쌀이 아니어도 조가 있고 밀이 있어, 곡식을 찧을 연자방아가 마을 곳곳에 있었다. 이제는 그런 것들이 육지인들의 거실 장식용으로 팔려갔다는 소리를 듣는다. 끼니를 장만하는 생활의 방편이었을 텐데.

시간이 멈춰버렸다는 말이 이런 것인가. 마을 전체가 공동상태였어도 보이지 않는 어느 곳에선가는 풀꽃들이 봄을 알리고, 나비들은 날아다닐것이다. 그때의 아이들은 중년을 넘기고, 청년들은 벌써 노인이 되었을 것이련만.

좁장한 갈림길에는 대나무가 우거졌다. 밭담을 에두르는 대숲이 사람이 살았던 옛 곳임을 알려준다. 댓잎의 서걱거리는 소리가 귀를 모으게 한다. 놓쳐선 안 될 이야기처럼.

더 깊숙이 걸어가면 얼마 전에 찾은 굴이 있다고 했지만 운전기사가 더는 갈 수 없다고 했다. 동굴에 대한 얘기는 전날 우연찮게 어느 노파에게서 들었다.

"웬만하면 그때는 다 큰 넓궤(굴)로 가서 숨었지요. 화산 때문에 저절로 생긴 넓궵니다. 한 이틀 숨어 있으면 토벌대들이 가려니 했지, 굶어 죽으리라 생각했겠어요?"

세월이 지나 누군가 우연히 그 굴에 들어갔다가 어린아이 유골과 함께 어른 유해가 있음을 보게 되었다. 굶주림을 견딜 수 없어 굴 밖으로 나온 사람은 그대로 사살되었고 굴 안에 남아 있던 사람은 고스란히 굶어죽었단다. 1백여 명도 넘는 마을 사람들이 그런 식으로 세상 뜬 것을 뒤늦게야 짐작할 수 있었다. 죽음보다 더 큰 슬픔이 어디 있으며 생이별한 사람이 한둘일까마는 남아 있는 사람은 살아야지, 하는 마음으로 열심히 일을 했다고 한다.

노파는 눈가를 훔치다가, 치맛자락을 만지작거린다.

"우리 집에도 삼대독자인 셋째동생이 있었어요. 우리 집안에 처음 있는 학생이지요. 봄이면 고사리도 뜯어다 팔고, 품도 팔고 그렇게 가르쳤어요. 우리 식구들도 굶으면서 숨어 있는 동생에게는 밤이면 보릿겨를 버무리고 나물죽도 쑤어다 주고 했어요. 토벌대는 동생 내놓으라고 날마다 닦달을 해요. 해도 해도 안 되니 나중에는 아버지를 데려다가 폭나무에 매달았어요. 끝판에는 동생도 당했지요. 산으로 피신한 집은 다 그랬어요."

무슨 말이 위로가 되랴. 어설픈 글줄 쓰겠다고 남의 아픈 마음을 후볐으니 후회막급이다. 노파가 콧물을 훔치면 나도 콧물을 닦고, 눈물을 닦으면 나도 눈물을 훔쳤다. 그렇게 하루해가 저물었다.

2006년 4 · 3, 58주년을 맞아 고 노무현 대통령은 추도문을 발표했다. 한 구절이 기억에 남는다.

"누구를 벌하고, 무엇을 빼앗자는 게 아닙니다. 사실은 사실대로 분명하게 밝히고 억울한 누명과 맺힌 한은 풀어주고, 고통받는 분들의 상처를 치유하고 명예를 회복해줘야 합니다. 자랑스러운 역사든 부끄러운 역사든 있는 그대로 밝히고 정리해야 합니다. 그래야 진정한 화해를 통해 통합의 길을 갈 수 있습니다."

바람이 가는 방향으로 고개를 돌렸다. 삼밭구석(麻田洞)에서 있는 폭나무가 눈 안에 들어온다. 300년 넘게 삶을 이어오던 마을이 재가 되어버렸어도, 폭나무는 혼자 하늘을 이고 서 있다. 58년 된 응어리가 쉽게 풀리지 못해도, 언젠가는 제주도민들의 아픔이, 상처가, 하루빨리 치유되었으면 하는 바람이다.

새싹 움트는 소리가 들리는 듯하다. 잎이 어우러지는 여름이 오면 꽃맺이도 하겠지. 그런 상상과 함께 엊그제 만났던 그 노파의 쇠잔한 목소리가 귓전을 울린다.

"폭나무 봤지요? 저 나무들이 옛일의 증인이지요. 그때는 까마귀들이 새까맣게 날아다녔어요. 다 목격자들이지요. 말 못하는 나무지만 어찌 그때를 모른다 하겠어요."

바람을 맞으면서 바람 속에서 자라는 폭나무. 지나는 이의 눈길 한 번 받지 못한 채 없어진 마을을 지키며 홀로 서 있는 나무. 그 나무에는 제주도민이 겪은 삶의 진실이 서려 있다. 거센 바닷바람에 힘겨운 성장이련만, 옹이진 마디 위쪽 잔가지에서는 새순이 강한 생명력으로 봄을 맞이하고 있다. 나무 위로 새 한 마리가 날아와 앉는다.

종이학의 기원(祈願)

괌 섬의 북쪽 제1번 순환도로를 끝까지 가다 보면 '이고(YIGO)' 라는 곳에 이르는데, 거기에 평화기념공원이 있다. 공원이라면 으레 푸른 숲이나 잘 가꾸어진 동산을 연상하게 되지만, 이곳은 수목이 잘 자라서 보기 좋은 곳도 아니고, 호사스럽게 치장을 해서 눈길을 끄는 곳도 아니다.

객토를 하여 꽃밭을 가꾸었던 자리도 있고 구획을 하여 잔디를 심은 흔적도 있기는 하다. 그렇지만 남아 있는 것은 흡사 주인 없는 무덤에 성글게 자란 풀처럼 듬성듬성 말라 죽은 자국뿐이다.

열대지방에서 흔하게 볼 수 있는 붉은색 히비스커스 한 송이 없는 곳이다. 나지막한 산자락 끝에 조형물 하나만 덩그러니 서 있다. 두 손을 모아 합장을 한 모양인데, 높이가 15미터는 될 것 같다. 평화기념탑이라고 한다. 비바람에 군데군데 변색은 되었지만, 두 손을 모아 하늘로 솟구치는 모양은 간절하며 엄숙하기까지 하다. 주변이 허허롭고 별 볼 만한 것이 없어서인지 가끔 지나가는 차량이나 눈에 뜨일 뿐, 인적은 드물다. 해를 바라보고 별의 속삭임을 들으면서 그저 두 손 모아 그렇게 서 있을 뿐이다.

그 기념탑이 서 있는 자리는 태평양전쟁 때 미군과 일본군이 치열한 싸움을 벌였던 곳, 피아간에 발생한 주검은 헤아릴 수조차 없었다고 한다. 전쟁이 끝난 뒤에도 근처를 지나는 사람 하나 없었고, 나뒹구느니 해골뿐이었고 한다.

많은 세월이 지난 뒤, 죽은 병사들의 영혼을 달래기 위해 위령탑을 세웠다. 나무도 심고 꽃씨도 뿌렸지만, 화약과 쇳가루로 황폐해진 땅에서는 풀도 나무도 자라지 않았다. 그러나 이곳에서는 어디서도 찾아볼 수 없는 인간애가 넘쳐난다. 위령탑은 아군과 적군을 가리지 않고 오직 '죽은 이'를 위로하기 위해서만 세워졌던 것이다.

갑자기 강한 비트의 음악이 시끄러운가 싶더니 빨간색 스포츠카 한 대가 바람을 일으키며 내닫는다. 윗옷을 벗어 제친 네댓 명의 젊은이들이다. 들녘엔 그들이 남기고 간 신디사이저 소리, 그 전자음과 흙먼지만이 서서히 내리깔린다.

푸르기만 하던 하늘에 구름송이가 점점이 나타나더니 이윽고 하늘을 가려버린다. 빗방울 섞인 바람이 저만큼 언덕 아래 잡초에 나부끼더니, 다시 내 곁을 스친다. 산도 나무도 보이지 않는 들판에서는 바람도 쉴 곳을 찾지 못하는가 보다.

나는 위령탑 주변을 살핀다. 혹여 죽은 병사의 이름이라도 새겨 있지 않을까 싶어서다. 그러나 아무것도 없다. 만약 그들이 조상으로부터 물려받은 성씨조차 쓰지 못한 망국의 청년들이었다면, 이름이 남았다 한들 그것이 또 무슨 소용일까. 일본군으로 전사한 병사 가운데는 분명 우리의 젊은이들도 있었을 것이다. 바지저고리를 입고 논밭에서 쟁기질을 하다가, 혹은 사각모를 쓰고 시를 읊거나 노래를 부르다가, 아니면 갓 시집온 어린 지어미의 설움을 달래다가, 꼭 살아서 돌아오겠노라고 다짐한 이별들이 있었으련만.

나는 그곳에 서서 다시 50여 년 전 전화(戰禍)가 할퀴던 때를 상기한다. 그렇지만 내 처지에서 아무리 미루어 생각한다 해도, 어찌 그 시대의 아픔을 고스란히 더듬을 수 있을까.

지금은 안 계신 어머니는 가끔씩 당신의 막냇동생 이야기를 들려주었다. 내가 태어나기 전의 일이어서 그 외삼촌 얼굴을 친히는 모른다. 하지만 자라면서 들은 이야기나 사진으로 본 얼굴이 하도 생생해서 늘 살갑게 느껴졌었다.

징병으로 끌려가 남양군도에서 죽었다는 이야기를 할 때마다 어머니는 먼 하늘을 바라보곤 하였다. 한숨이 어린 그 눈에서는 늘 별이 빛났다. 그 외삼촌은 어머니가 눈을 감으실 때까지도 스물한 살의 막냇동생으로 가슴에 남았고, 내 상상 속에서는 어머니만큼의 나이를 보태어 갔다.

외삼촌은 한 동네에서 가까이 지내던 규수와 돌아오는 대로 혼인할 것을 약조하고 떠났다. 수리취 절편을 만들어 봇짐에 싸 넣어 보냈는데, 가을걷이도 시작하기 전에 돌아온 것은 전사통지서였다. 방에서 젖을 물리고 있던 어머니는 그만 아기를 방바닥에 놓치고 말았다. 그 아기가 나였다면서, 어머니는 그 이야기를 할 적마다 내 뒷머리를 쓸어주곤 하셨다.

혼인하기로 했던 규수는 더 이상 그 동네에서 살지 못했다. 규수는 마을 떠나기 전날 밤 어머니를 찾아왔더란다. 잘 가라는 말 한 마디 제대로 나누지 못하고, 손 붙잡고 입술만 깨물다 갔다고 한다. 어머니 손에 마지막으로 쥐어주고 간 것은, 어머니가 외삼촌 생일에 사준 만년필이더란다. 그 후 들리는 소문으로는 그 처자가 죽었다고도 하고 나이 많은 댁 후실로 갔다고도 했다.

늘 눈물짓던 어머니도 연세가 들면서는 담담하게 그 이야기를 들려주었다. 그리고 꼭 덧붙이는 끝말이 있었다.

"니 외삼촌 살았으면 꼭 나를 찾아왔것지, 이렇게 막막하기야 하것냐?"

아무리 생각해도 종이쪽지 한 장으로는 그 죽음을 받아들일 수 없다고도 했다. 부모님 일찍 여의고 큰누님인 당신 손으로 키우다시피 했으니, 그 가슴속이 오죽이나 아리었을까.

어머니가 지니셨던 빛바랜 사진도 지금은 없어졌지만, 외삼촌의 얼굴은 선명하게 되살아난다. 외삼촌이 죽은 곳이 괌 섬이었지, 태평양 한가운데 어느 다른 섬인지도 모르면서, 어쩐지 괌에 내리는 날부터 어머니가 하던 이야기가 자꾸만 가슴을 울렸다. 하늘을 향해 두 손 모아 평화를 기원하는 조형물 앞에서 못내 숙연해지기만 했다.

검정색 나비 한 마리가 날아온다. 벨벳으로 만들어 붙인 듯한 날개가 참 곱다. 꽃도 없는 들판인데, 어쩌자고 날아왔을까. 앉을 곳이 없는 듯, 한참을 맴돌더니 어디론가 날아가버린다.

사방을 둘러봐도 들꽃 한 송이 보이지 않는다. 멀찍이 황토 흙이 허물어진 옆, 아까 바람이 머물다 간 그곳에서 들풀 한 움큼을 뜯어다가 위령탑 아래 놓았다. 그리고 종이학 하나를 접어서 그 위에 얹었다. 고향 하늘 같으면 울어줄 두견새라도 있으련만, 나는 그냥 오롯한 기원을 담아 머리를 숙였다.

"이 땅에 다시는 전쟁이 없게 하소서."

피이스 메모리얼 파크! 오늘도 그 탑은 평화를 염원하는 이들의 간절한 마음으로 우뚝 솟아 있으리라.

4부
못다 한 이야기

못다 한 이야기

사방을 둘러봐도 낯설지가 않다. 대나무 사이를 지나는 실바람 소리 때문인가. 아니면 쌍긋이 스치는 댓잎 내음 때문인지도 모르겠다. 하늘이 보이지 않을 만큼 우거진 대나무 사잇길을 하염없이 바라본다. 땅 위로 드러난 뿌리까지도 그날과 똑같다. 한쪽으로 기운 대나무 가지를 들어올리다가 마른 끌텅에 구두 뒷굽이 걸려 넘어졌던 기억도 되살아난다.

친구 영숙이네는 대숲 끄트머리쯤에 있는 허름한 집에서 지내고 있었다. 그처럼 옹색하게 된 까닭은 5 · 16군사정권으로 바뀌면서 고위공직자인 영숙이 아버지는 내침을 당하고 말았다. 결태질로 돈을 모은 일이 없었으니 외줄을 타 듯

버티는 것도 두 해, 끝판에는 일곱 식구가 좋은 살림 다 버리고 방 한 칸 얻어 나앉게 되었다.

영숙이와 한 살 위인 오빠, 그 둘은 대학생이었지만 등록금은 생각할 수도 없었다. 동생들마저도 언제 학교를 그만두어야할지 예측할 수 없는 나날이었다.

봄 학기 등록 마감이 지나면서부터는 게시판에 미등록자 이름이 나붙었다. 빗줄기에 글씨가 흐려지고 거친 바람에 찢겨지기라도 하면, 어김없이 하얀 모조지에 새로 적힌 붓글씨가 선명하기도 했다. 삼사일도 아닌 몇날 며칠씩 영숙이의 이름은 게시판에 남아 있었다.

게시판 앞을 지날 때에도 끄떡없던 영숙이가 며칠 째 소식 없는 날이 이어졌다. 미등록자에 대한 마지막 경고문이 내 가슴을 죄었다.

아이들을 가르치고 있던 나는 낮에 틈을 낼 수가 없었다. 날이 저물어서야 조붓한 대나무 사잇길로 들어설 수 있었다. 칙칙한 숲에는 작은 새들의 깃을 접는 소리까지 아득히 들려왔다.

대나무 숲을 빠져나와 영숙이가 살고 있는 집 머릿방 앞에 섰다. 어둠 속이었지만 마루에 웅크리고 있는 모습이 낯설지가 않았다. 토방에 놓인 신발들도 여느 때와 같았다. 다른 게 있었다면 영숙이 아버지가 항상 들으시던 라디오 소리가 그날은 잠잠했다. 불도 켜지 않은 방에는 정적만 감돌았다.

기척을 알아챈 영숙이가 마당으로 내려섰다. 치마 밑단으로 얼굴을 훔치는가 싶더니 불쑥 내 손을 잡아끌고는 대숲으로 들어갔다. 한참을 쭈그리고 앉아 섧게 울었다. 복받치는 슬픔이었다. 가끔씩 들리는 새들의 날갯짓 소리가 가슴을 서늘하게 했다.

"우리 오빠, 그끄저께 죽었어."

나는 잠시 망연했다. 다리가 후들거렸다.

"무슨 돈으로 약을 샀는지 몰라, 밥 먹을 쌀도 없었는데…."

울부짖듯 내뱉는 말에 숨이 멎는 듯했다. 영숙 오빠가 우리 집에 들른 것은 그 며칠 전이었다. 마주한 일이 두어 번밖에 없어서였는지 놀랍기만 했었다.

"저기, 부탁이 있어서…."

우물우물 말을 맺지 못했다. 한참이나 뜸을 들이고서는

"차비가 좀 모자라서…. 고향에나 다녀올까 해서."

어렵사리 말을 마치고는 두 손을 바지 주머니에 넣은 채 땅바닥을 툭툭 치고만 있었다.

고향이라고 말하는 그곳은 영숙 아버지의 전임지(前任地)이기도 했다. 그즈음 생활이 하도 고단하니 살던 곳이라도 다녀오고 싶은 마음인가 보다고 생각했었다. 숫기마저 없어서 군색스런 소리도 못한다고 들었는데 오죽 갈 곳이 마땅치 않았으면 내게 왔을까. 빈손으로 돌아서게 할 수는 없었다. 학교 오가며 드는 버스 값 며칠 것이 가진 것의 전부였다.

어머니가 계시다면 어떨지 모르지만 집마저 비어 있었다. 옆집이라도 들러보겠다고 했지만 괜찮다면서 어느새 골목을 벗어나고 있었다. 엉겁결에 방으로 들어가 책상에 놓인 만년필을 집어들었다. 다음날 학교 갈 버스비는 하루치만 남겨두었다. 얼마라도 차비에 보탤 수 있을 것 같았다.

그 파이로트 만년필은 두 해 전 영숙이가 내 생일 선물로 준 것이었다. 빨간색이었다. 영숙이처럼 밝고 화사했다. 만년필을 받을 때만 해도 무슨 옷을 입을까, 머리는 어떤 모양으로 할까, 그런 얘기를 환한 웃음 속에 담아냈었다.

잰걸음으로 골목을 빠져나가던 영숙 오빠는 그날 고향에 간 것이 아니었다.

40여 년이 지났다.

영숙이와 함께 걸었던 대숲을 나 혼자 걷고 있다. 눈앞에는 그때와 똑같은 길고 반듯한 대나무들이 우거져 있다. 햇살이 눈부시어 그럴까. 그날처럼 어둡지도 않다. 대숲 끄트머리쯤에 있을 나지막하게 엎드린 작은 집 한 채도 보이지 않는다.

'니 오빠, 우리 집에 들렀었어. 내가 차비만 주지 않았어도….'

그 말을 지금껏 하지 못했다. 그때는 어마지두에 혼겁을 먹어서였고 지난 이야기를 털어놔도 될 것 같은 나이가 되었을 때는 영숙이가 멀리 떠나 소식을 모르고 지내서였다. 언제쯤 못다 한 이야기를 나눌 수 있을는지.

오랜 세월 나를 힘겹게 했던 영숙 오빠의 죽음은 마음에 고여 있는 지난날의 아픔이다. 아직도 그 통증으로부터 자유스럽지 못한 것은 가끔씩 듣게 되는 젊은이들의 절명(絕命)이다. 그런 때면 '무슨 돈으로 약을 샀는지 모르겠어.' 라고 목이 메던 영숙이가 불현듯 떠올라서다. 그리고선 오빠의 유품인 일기장을 읽었다면서 흐느끼던 모습도 함께 그려진다.

유명대학의 이름값도 못한다는 주변의 시선, 장남으로서의 무능함을 비관했더라는 내용이었다. 생존의 터전을 찾으려 안간힘을 썼을 것이지만, 활달하지 못한 성격에다가 궁핍함을 모르고 자란 영숙 오빠에게는 막막했던 날들이었을 것이다.

실바람이 지난다. 새 떼들이 화르르 날개를 치며 날아오른다. 대숲에는 댓잎 쓸고 간 수런거리는 바람소리만 남는다. 다시 구두를 고쳐 신는다. 그때처럼 대나무 베어낸 그루터기에 걸려 넘어질 뻔해서다.

벗은 나무의 동화

어디서 보았을까. 꿈속에서였을까, 저렇게 설피게, 그것도 뭉툭뭉툭 잘리고 나니 어디선가 보았던 아, 바로 그 나무!

드나드는 길목에서 늘 만나는 플라타너스 한 그루가 있다. 잎새 무성할 때는 별 관심이 안 가다가도, 잎을 다 떨구고 나면 눈길을 끈다. 벗은 나무를 볼 때면 겨울이 더욱 추워진다.

나무 아래는 좌판이나 광주리를 놓고 물건을 파는 아주머니 두셋과 할머니 한 분이 앉아 있다. 비닐 주머니 안에는 푸성귀나 마른 곡식이 들어 있고, 그 옆 넓적한 그릇에는 인

절미며 시루떡이 담겨 있다. 가끔씩 절기에 맞는 먹을거리가 놓일 때도 있지만, 대개는 연중 내내 비슷한 것들이다.

해질녘 그곳을 지나게 되면 곡식이나 푸성귀를 사 들고 올 때도 있지만, 떡 파는 할머니 앞에 자주 멈추곤 한다. 더울 때는 팔다 남은 떡이 쉴 것 같고, 찬바람 일면 손이 시릴 것 같아서다.

험한 손길과 굽은 허리, 햇볕에 그을린 주름진 얼굴. 나물거리 이름이나 어떻게 요리해 먹는지 묻기도 하며 말을 트고 지내는데도, 언제나 웃음기 없는 무심한 얼굴로 하늘을 쳐다본다거나 우두커니 앉아 떡이 담긴 쟁반만을 내려다보고 있다. 떡을 살 때마다 내 가슴에 아픔이 번져오는 것은 고단한 삶의 파장이 전해와서일까.

그런데 엊그제 일이다. 나들이 다녀오던 한낮, 나무 아래 으레 있어야 될 좌판도 아주머니들도 보이지 않았다. 대신 사다리차에 올라 탄 어떤 사람이 그 나무를 자르고 있었다. 전기사고를 막기 위해 봄이 오기 전 나뭇가지를 자른다고 한다.

뚝뚝 잘린 가지가 발 앞에 떨어진다. 그걸 집어드니, 차갑게 느껴지는 표피와는 달리, 손끝을 타고 전해오는 따뜻함이 가슴으로 스민다. 좀 전까지 뿌리 아래쪽에서 줄기 속으로 올려 보냈을 수액이 내 혈관으로 흘러드는 것만 같다.

잘린 나무 모습을 한참 동안 바라보다가, 수북이 쌓인 가지를 뒤로하고 걸음을 옮겼다. 발길이 무겁다. 모퉁이를 돌아서다 말고 뒤를 돌아보았다. 그리곤 나도 모르게 아! 소리를 내며 그 자리에 서고 말았다.

가지를 치던 사람은 가버렸고, 그 나무는 굵은 가지 몇 개만 남은 채 변신한 모습으로 덩그러니 서 있는 것이다. 나무가 추울 것 같다. 저렇게 설피게, 그것도 뭉툭뭉툭 잘리고 말았으니.

"저 모습, 저 모습을 어디에서 보았는데…. 맞아."

하루에도 몇 번씩 늘 보고 있는 나무 모습 바로 그것이었다. 그 나무는 우리 집 벽에 걸린 박수근 화백의 그림인 나목(裸木)이었다.

몇 해 전이던가. 어느 화랑이 그의 추모전을 가지면서 원화 몇 폭을 판화로 제작한 일이 있었다. 판화를 좋아하던 나는 그 중 몇 점을 샀다. 「나무와 두 여인」 「노상의 여인」 「아기 업은 소녀」라고 이름 붙여진 작품인데, 그것을 바꾸어 가면서 안방 벽에 걸어놓고 있다.

나는 뛰다시피 집으로 들어왔다. 그리고 그림 앞에 앉았다. 회색 바탕의 두툼한 질감, 비록 입체감은 없지만 이끼낀 화강암 표면 같은 작은 점으로 나타낸 화법, 황토색 섞인 산야가 보이고 잎 하나 남아 있지 않은 나무, 그 나무 아래서

무언가를 팔고 있는 아낙들과 애기 업은 소녀의 모습을 볼 수 있었다.

그림을 볼 때마다 소박하게 보이는 그들에게서 정감어린 어머니를 만나고, 어릴 적 어머니 손을 잡고 따라간 저잣거리의 아주머니들과 살던 집 담장 옆에 서 있던 나무도 그 그림 속에서 볼 수 있었다.

그림은 여전했다. 나목 아래 앉아 물건을 파는 아낙도 애기 업은 소녀도. 들어오는 길목에서 만난 그 플라타너스가 그림 속의 나목이라는 것을 확인하는 순간, 아낙도 소녀도 그림 밖으로 걸어나와 나에게 말을 걸었다. 등에 업힌 아이에게서도 칭얼대는 소리가 들려왔다.

그림 속 아낙은 길모퉁이에 선 플라타너스 밑의 여인이고, 떡장수 할머니는 내 유년 시절의 친구 명자 어머니 모습이며, 애기 업은 소녀가 동생을 업은 명자라는 것을. 그런 생각에 잠기다보니 나도 모르게 눈시울이 뜨거워졌다.

함지를 머리에 이고 있는 아낙은 명자 어머니였다. 떡사요, 소리치며 종종걸음치던 그 음성과 모습이 눈에 보이는 듯하다. 제 어머니 치마꼬리를 붙잡고 끌리듯 따라다니던 명자, 마른버짐 핀 얼굴에 발그레 웃음짓던 얼굴이 그림 속에 있다.

명자 어머니는 가끔 집에 와서 일을 도왔다. 그때마다 따라오는 명자는 나와 동갑이고 손이 맞아 잘 어울렸다. 명자 아버지는 여러 해 신병으로 누워 있다가 세상을 뜨고 말았다. 그래서 명자 어머니는 생계를 짊어져야 했고, 일곱 살 된 명자가 동생 둘을 돌봐야만 했다.

떡 함지를 이고 서둘러 나간 그애 어머니는 해질 무렵에야 돌아왔다. 어쩌다 밝은 낮에, 빈 함지를 한쪽 겨드랑이에 끼고, 또 한 손에는 깨엿이나 지푸라기로 매단 명태 따위를 들고 들어오는 날에는 골목 안이 환했다.

"엄니…."

명자는 제 어머니를 부르며 내달았다. 그렇지 못한 날은 떡 함지를 머리에 인 채 기운 없이 돌아왔다. 그런 날이면 명자 어머니는 칭얼거리는 어린 것에게 젖을 물리면서 한숨만 쉬었다. 그리곤 저녁도 짓지 않고 왜 길에 섰느냐고 명자를 쥐어박곤 했다. 그날 저녁은 밥은 없이 떡으로 대신했다.

내가 학교에서 돌아오면, 명자는 늘 담장 옆 큰 나무 밑에 앉아 있다. 등에 업은 동생을 추스르면서 방금 집을 나온 시늉을 했다. 하지만 나는 안다. 이른 아침 토담 모퉁이에 서서 학교 가는 내 뒷모습을 먼발치로 바라보며 서 있었던 것을. 그리고 어서 내가 돌아오기를 고개를 내밀어 기다렸음을.

끼니는 물론 먹을 것은 매번 같이 나눠 먹건만 늘 허기져 하던 얼굴. 그애 집을 이끌어갈 아버지의 부재가, 어머니의 행상이, 학교를 갈 수 없음이 언제나 마음을 텅 비게 했을 것이다. 그러고 두 해가 지나 우리는 그곳을 떴다. 명자네도 그애네 외갓집으로 간다고 했다.

다시 한 번 벽에 걸린 그림을 바라본다. 아이를 업고 늘 누군가를 기다리고 있는 소녀의 모습에서 명자를 떠올린다. 그 소녀는 누구를 기다릴까. 행상 나간 엄마일까. 학교에서 돌아올 친구일까. 아니면 일찍 여의었던 아버지일까.

그때 명자가 꽃을 좋아했다는 생각이 났다. 그러자 신기하게도 빈 나뭇가지에 송이송이 꽃이 피어나기 시작했다. 그 꽃의 향기라도 맡겠다는 듯 그림 앞으로 바짝 다가갔다. 그런 후, 나는 아이를 등에 업은 소녀의 모습으로, 다시 나무 밑에 앉아 떡을 파는 아낙의 모습이 되기도 했다. 방에 어둠이 내릴 때까지 그렇게 앉아 있었다.

작은 나무가 자라 우람해지듯, 제 동생을 업고 어머니를 기다리던 단발머리 명자도 머리칼이 희끗거릴 텐데, 그림 속에는 지나간 시절과 오늘이 어우러져 함께 만나고 있다.

길모퉁이에서 좌판을 펼친 아주머니와 떡 파는 할머니는, 화면에 그려진 우리 모두의 어제오늘이며, 전날 보았던 민둥나무인 플라타너스도 어릴 때 살던 집 담장 곁에 선 나무였을지도 모를 일이고, 나는 왜 그 플라타너스 앞을 수없이 지나면서도 우리 집 그림 속의 나무 모습인 것을 진즉에 알아차리지 못했을까.

오늘도 나는 그 나무 앞을 지났다. 비록 곁가지는 잘려나가고 앙상한 둥치만 남았어도, 잘린 나무는 생명의 약속인 작은 눈이 있기에 겨울잠이 깨면 다시 잎을 피울 것이다.

오늘도 길모퉁이 나무와, 그 밑에서 세월을 딛고 꾸려가는 여인들의 나날을 기켜보며, 그림 속에 살고 있는 내 추억 속의 나무와 아낙들, 그리고 명자를 떠올린다.

제비꽃 이야기

오가는 길목에 작은 꽃가게가 있다. 그 앞을 지날 때면 그냥 지나치지 못한다. 오늘도 그랬다. 수줍은 듯 다소곳하게 고개를 숙이고 있는 꽃 한 송이가 발길을 멈추게 한다.

한참을 들여다보고 있었더니 마음에 들면 가져가도 괜찮다면서 꽃가게 주인이 빙긋이 웃는다. 엊그제 고향을 갔다가 밭둔덕에 핀 꽃이 하도 고와서 두어 포기 옮겨왔단다. 계면쩍어 멈칫거리는 내 손에 소꿉놀이에나 씀직한 앙증맞은 제비꽃 화분을 들려준다. 값을 치르려하니 한사코 손사래를 친다. 마침 베란다에 심을 꽃모종을 들이려던 참이라 몇 가지 부탁을 했다. 가게 주인은 산야에서 자라던 꽃이니 설령 시든다 해도 서운케 생각지 말라고 이른다.

제비꽃은 여느 꽃들처럼 꽃송이가 크다거나 화려하지도 못하다. 한눈을 팔면 그냥 지나치고 만다. 꽃이라야 엄지손톱 크기만 한데다가 우부룩하게 모여 있기보다는 다문다문 피어 있어서다. 그런 제비꽃이 도시 가운데로 옮겨왔으니 반갑기만 하다. 눈을 떼지 못한 또 다른 이유는 여러 해 전 약초를 뜯으러 고향으로 내려간 일이 있었다. 약효가 좋다는 제비꽃을 찾으러 일삼아 다니던 때가 있었으니 그때가 삼삼하다.

4월 중순이 좀 지났을까. 기왕이면 사람들 발길이 뜸한 곳을 찾아가느라 언젠가 눈여겨봐뒀던 윗동네로 가는 길이었다. 길 초입에 마침 시어머님 산소가 있어 무심코 올려다본 등성이에는 뭔가 낯선 모습이 눈에 들었다. 엊그제 쑥을 뜯으러 갔을 때만 해도 눈에 띄지 않았었는데, 궁금한 마음으로 등성이를 올랐다.

양지바른 봉분 옆으로 마치 커다란 바구니 하나씩을 엎어 놓은 것처럼 둥그스름한 모양이 띄엄띄엄 있었다. 수백 포기나 됨직한 제비꽃이 한데 어우러져 다보록하게 무더기를 이루었다. 한두 군데가 아니었다. 밤새 비가 오셨다고는 하지만 참으로 기이했다.

여기 한 포기 저기 한 포기 토담 밑에 피어 있는 그런 제비꽃들이 아니었다. 일부러 손공을 들여도 그리 소담스럽게 가꿀 수는 없을 것이다. 검불 하나 묻지 않은 짙푸른 잎새가 튼실했다. 예사롭지가 않았다. 한 무더기를 캤더니 바구니에 가득 찼다. 여드레를 다니며 뜯었을 때보다 훨씬 많았다. 부자가 어디 따로 있을까. 욕심 같아서는 한 포기도 남김없이 다 내 것으로 만들고 싶지만, 나 아닌 다른 사람도 쓸 데가 있으려니 싶어 얼갈이를 솎듯이 조금씩 돌려가며 뜯고 남겨두었다. 그래야 다음해 그 자리에서 다시 움이 틀 것이 아닌가.

하나하나 뜯은 제비꽃이 바구니를 채웠다. 꽉꽉 눌러봐도 더는 들어갈 자리가 없었다. 오달졌다. 허리도 펼 겸 손을 놨다. 잦아드는 햇살 아래 고즈넉한 정적이 흘렀다. 알 수 없는 것이 사람의 마음인가. 생각지 않은 횡재를 했건만 어쩐 일인지 가슴 한켠에 고여 있는 묵은 일이 떠올랐다.

정월에 해산하고, 두어 달도 못 된 아기를 데리고 시댁에 갔을 때의 일이다. 산골바람은 을씨년스러웠다. 저녁상을 물린 뒤 아기를 눕히려고 이불을 펼 때였다. 시어머님은 이부자리라고도 할 수 없는 어린애 포대기보다 작고 허름한 것을 내게 던지며 "옛다, 널랑은 어린애 데리고 윗방으

로 가거라. 애 오줌 싸면 이불 버린다. 애비는 오느라 고생했으니 여기서 잘 것이고…." 머쓱했다. 어마두지 애를 안고 윗방으로 건너갔다. 썰렁했다. 아랫방에서 방고래가 잇달린 방으로, 아궁지에서 멀리 떨어져 불기운이 제대로 들지 않으니 냉돌이나 마찬가지였다.

애기를 무릎에 눕히고 뜬눈으로 지새운 새벽녘, 몸의 추위보다 가슴속의 냉기가 나를 더 춥게 했다. 아침을 지으러 부엌으로 나갔지만 서러움이 북바쳤다. 아궁이에 불을 지피는데 삭정이가 제대로 안 타 불이 내었다. 부석부석한 얼굴은 바람 타는 아궁이 때문에 눈이 매웠다고 얼버무렸지만, 스물여섯의 내 중정으로는 지난밤은 무슨 까닭이었는지 짐작할 수도 없었다. 기저귀를 채운 아기였는데 어찌해서 요를 적신다고 하였는지 겉가량으로는 도무지 이해 할 수 없어도 세월이 가면서 어림할 수 있었으니, 외아들 며느리가 내리 딸 둘을 낳은 죄가 아니었나 싶다.

끄느름하게 있었던 그 아픔이 바구니에 가득 담긴 풍성함을 보면서 서서히 녹여지고 있었다. 내내 여울져 흘러왔으니 오랫동안 지고 왔던 마음의 짐이었다. 해 저문 자락에서 무엇을 더 붙들고 있으랴. 새록새록 되살아나던 이런 저런 사연들도 가뭇없이 지워졌는데, 내려놓자. 그날 밤 홀대받던 그 애기도 불혹의 나이가 되어 알토란 같은 남매를 건사하며 재미지게 살고 있지 않은가. 아랫목에서 유난스레 코를 골던 젊은 남자도 이제 구부정해진 노인이다. 시어머님도 생전에 못 다 전한 마음을 제비꽃으로 대신 전하시었고…. 봄바람이 삽상하다. 올해도 고향에 내려가서 그날처럼 제비꽃이 그리 소담스럽게 피어 있는지 보고 싶다.

보라색 꽃핀

옷장 정리를 하게 된다. 앞으로 입을 것과 챙겨 넣을 것을 가려 세탁소에도 보내고 볕에도 내다 넌다. 이것저것 갈무리를 하며 돌아치다가, 무심코 옮긴 발밑에 뚝 하고 밟히는 게 있었다. 꽃핀이었다. 허리는 부러지고 꽃 이파리도 바스라졌다. 순간 가슴이 내려앉았다.

그 꽃핀은 선이엄마가 남편의 직장을 따라 시애틀로 떠나면서 나에게 준 것이다. 우리는 학교 동창도 동네 이웃도 아니다. 어느 미술 전시장에 들렀다가 우연히 알게 된 사이다.

바람에 나부끼는 마가렛꽃을 그린 그림 앞에서였다. 푸른 들녘을 지나는 바람이 눈에 보이는 듯했다. 곱다는 말을 나도 모르게 중얼거렸나 보다.

"마가렛꽃을 좋아하시나 봐요?"

이렇게 말을 걸어온 이가 선이엄마다.

나이도 비슷해서 우리는 곧 안면을 트게 되었다. 혼자 드나들던 전시회는 둘이서 가게 되었고, 이 핑계 저 핑계로 만나서는 경복궁 산책도 하고 쇼핑도 했다. 겨울이 되면 봄을 기다렸고 봄이 지나면 여름 또한 좋았다. 절기의 변화를 감사하며, 계절이 바뀌는 것만큼이나 우리 마음도 가까워졌다.

그러던 어느 날 새로 산 겨울옷이 어울리는지 봐달라면서, 모 전시장에서 만나자는 선이엄마의 전화를 받았다. 나는 좀 들뜬 기분이 되었다. 왜냐하면 그녀는 무슨 옷을 입든 태깔이 잘 나며, 몸치장의 악센트를 머리핀에 두고 있었기 때문이다. 흐르는 매무새일까, 짜이는 가눔새일까. 무슨 핀을 어떻게 꽂고 나올까. 그 숱지고 크게 곱슬거리는 긴 머리는 어떻게 마물렸을까.

선이엄마는 결혼 전부터 지금까지 짧은 머리는 해 본 적이 없단다. 가끔씩 뒤로 묶기도 하는데, 그럴 때는 진주나 반짝이는 유리알이 박힌 넓은 핀 하나로 고정시킨다. 그 모습도 멋이 있지만 어깨 밑까지 풀어서 찰랑이게 하는 것이 나이답지 않게 썩 잘 어울린다. 그럴 때 쓰는 꽃핀이 또 따로 있다.

"선이엄마 머리 정말 좋다."

나는 매양 드러내놓고 부러워한다. 그러면 그녀는 환히 웃으면서 그 칭찬을 시인한다.

처음으로 나를 자기 집으로 데려갔을 때다. 화장대 위에 있는 상자를 내게 열어 보였다. 그 안에는 여러 종류의 꽃핀이 가득했다. 흰색 · 검정 · 빨강 등의 색깔과 초충 · 빗살 · 연당초 등 문양도 갖가지고, 세모 · 여러 모 · 동그라미 · 소용돌이 등 디자인도 다양하다. 그것들이 선이엄마 머리에 꽂히면 별이 되고 꽃이 된다.

이런저런 생각들을 하며 걷다 보니 약속 장소인 화랑이 바로 눈앞이다. 선이엄마가 먼저 와 있었다. 그런데 오늘따라 표정이 좀 어둡다. 새 옷 칭찬에도 밝은 웃음은 돌아오지 않는다. 남편이 미국 지사로 가게 되었다는 연락을 방금 받았노라며, 아무리 줄잡아도 3~4년은 족히 머물게 될 거란다.

진눈깨비가 아침부터 추적이던 날 공항으로 갔다. 출구로 나가기 위해 돌아서는 선이엄마 옆모습이 막 닫히려는 자동문에 반쯤 가렸다. 나는 황급히 불러 세웠다. 쏟아져내리는 머리에 나비처럼 올라앉은 보라색 꽃핀이 오늘따라 더없이 곱게 너울거린다. 처음 보는 핀이다.

"선이엄마 머리핀이 하도 고와서…."

선이엄마는 오른쪽 귀 옆의 것을 선뜻 뽑아서 내 손에 쥐어준다. 다시 그녀는 안으로 들어갔다. 뭉클했던 내 가슴은 손안에 든 꽃핀으로 해서 조금 진정되었다. 돌아서면서 손바닥을 펼쳐 보았다. 둘째 손가락만한 크기다. 노란 바탕에 제비꽃을 안배했다.

집에 돌아온 나는 거울 앞에 앉아 그 핀을 이렇게 저렇게 머리에 꽂아 보았다. 그녀의 머리에서처럼 그렇게 고와 보이지 않는다. 화장대 서랍에 넣어두고 가끔씩 꺼내 보기만 했다.

그러다가 어느 날 저녁 모임에 나갈 일이 있어, 뒷머리를 올리고 그 꽃핀을 꽂고 나갔다. 아무래도 어울리지 않을 것 같아서 도중에 슬며시 뽑아 호주머니에 넣고 말았다. 그것이 옷을 추스르던 결에 떨어져 밟힌 것이다.

이번 겨울이면 4년이 되므로 돌아올 수 있을 거라는 선이엄마의 편지를 받은 지 열흘쯤 되었을까.

연 사흘째 비바람이 몰아치던 날 불쑥 선이엄마가 찾아왔다. 나는 깜짝 놀라서 멍하니 서 있었다. 언제까지 현관에 세워두겠냐는 채근을 받고서야 말문이 열렸다. 놀래주고 싶어서 예고도 없이 왔노란다. 이것저것 두서없이 궁금하던 것을 물어대더니, 한 달쯤 뒤에 남편도 따라 나올 거고 아이들은 겨울방학에나 올 수 있을 거라고 했다.

다시 우리의 나들이는 시작되었다. 이야깃거리는 얼마든지 있었다. 그러나 자주 갈 수는 없었다. 선이엄마는 병원에 갈 일이 있다면서 가끔 약속을 드티었고, 이따금은 며칠씩 병원에 있다 나오기도 했다. 왜 그러냐고 물으면 시원스럽게 대답을 안했다.

여름이 지나면서 탈진해 가는 기울음이 눈에 보였다. 그에 따라 숱지던 머리칼도 설피어지고 윤기도 가시었다. 오랫동안 병원에 있게 될 거라는 말을 처음으로 했다. 병명은 굳이 묻지 않았다.

선이엄마의 입원생활이 시작되었다. 나는 하루 건너 병원에 들렀다. 살이 많이 내리고 풍요롭던 머리카락도 더 납작엷어졌다. 옆머리에 두 개씩 꼽던 핀이 하나로 줄더니, 그마저 노상 침대 위로 흘러내린다. 그때마다 손가락으로 머리를 쓸어내리며 헤식게 웃는다. 그러다가는 시뜻해서 벽 쪽으로 돌아눕는다.

벽에 붙여놓은 애들 사진만은 한결같이 환한 웃음이다. 숱이 많은 머리를 살짝 들어올리며 웃는 선이엄마의 옆모습을 가운데 두고, 두 아이들이 곁하고 있는 미국 있을 때 사진이다. 침대 맡에 차곡차곡 쌓이는 아이들의 편지만큼이나 그 아이들에 대한 간절함도 더해 갔으리라.

옆에 걸린 달력에는 아이들이 돌아올 날을 향해 하루하루를 지우는 가위표가 불어가고 있었다. 육체의 고통은 견딜 수 있겠는데, 애들을 보고 싶은 마음은 못 참겠노라며 울먹였다.

기다리던 12월이 되었다. 병원생활은 지루하고 내일이면 애들이 올 테니 집으로 돌아간다 했다. 도배까지 끝낸 애들의 방을 둘러보며 성한 사람처럼 얼굴까지 발그레했다. 미워진 자기 모양에 애들이 놀라겠다면서 옆머리를 쓸어올린다. 그러나 곧 머리카락이 없는 민머리에 닿자 힘없이 손을 떨구었다.

다음날은 가지 않았다. 애들과의 오붓한 시간을 방해하고 싶지 않아서였다. 애들이 돌아온 지 사흘째 되던 날 아침 일찍 전화가 걸려왔다. 여느 때답지 않은 선이아빠의 떨리는 목소리다. 그리고 아이들의 흐느낌 소리도 간간이 들려왔다.

내가 갔을 때 선이엄마의 방은 비어 있었고, 사흘 전까지 가위표가 그어진 달력만 그녀가 누워 있던 빈자리에 비뚜름히 던져져 있었다. 그리고 화장대 위에는 내게 주었던 것과 똑같은 또 하나의 꽃핀, 노란 바탕에 보라색 제비꽃이 아로새겨진 꽃핀이 놓여 있었다.

녹색모자

오늘처럼 눈바람이 칠 때면 오래 전 여행길에서 있었던 일이 생각난다. 그때가 6월 초, 남편과 나는 비엔나에 있었다. 전날까지 초여름 옷을 입고 지냈는데 느닷없이 진눈개비가 하나씩 날리더니 점차 눈보라로 변해갔다. 추위에 약한 나는 여름날 어디를 가도 두꺼운 옷을 들고 다닌다. 그런데 준비해 간 옷으로는 추위를 막을 수가 없었다. 하루면 그친다고 현지인들은 말하지만, 한 시간이 어딘데 관광을 와서 방안에만 있을 수는 없다고 남편은 옷을 사러가자고 했다.

투숙한 호텔에 마침맞게 겨울 옷가게가 있었다. 애써 골라봤지만 너무 커서 구럭을 입는 것 같았다. 어찌할까 망설

이고 있는데 스치는 생각이 있었다. 그 무렵 서울에서는 오스트리아 가이거상표의 양모스웨터가 널리 알려졌다. 마침 본 고장에 왔으니 이왕이면 그 옷가게를 찾아가고 싶었다.

호텔 지배인에게서 약도를 받았다. 찬바람만 가리면 될 것을 일정까지 취소하면서 굳이 시내까지 가느냐고 타박을 하는 남편과 실랑이 끝에 간신히 지하철을 탔다.

물어물어 찾아간 가게에서 푸른 빛 스웨터를 골랐다. 치수도 디자인도 맘에 꼭 들었다. 옷을 사느라 오고가고 두어 시간 허비했지만 입을 때마다 두고두고 이야깃거리가 될 것이니 얼마나 좋은 일인가. 서울의 삼분의 일 값이니 횡재가 따로 없었다.

오늘 정작 하고 싶은 얘기는 다른 것이다. 그 이야기를 시작하려면 어쩔 수 없이 옷에 대한 내력을 늘어놓을 수밖에 없어 이렇게 장황해졌다.

새로 산 옷은 그 자리에서 입었다. 옷가게 문을 나서다 말고 여직원에게 혹시 모자는 없느냐고 물었다. 안내를 받아 올라간 2층에는 백여 개가 넘을 듯한 모자가 진열되어 있었다. 저절로 탄성이 나왔다. 가슴도 뛰었다. 어디쯤에서 시선을 멈춰야 할지 머뭇거리고 있을 때 창 밑에 놓인 진열장 속 왼쪽의 세 번째 모자에 눈길이 멎었다. 오래 전부터 찾던 빛깔이었다.

키가 크지 않은 나는 챙이 너르고 장식이 많은 모자는 어울리지 않는다. 전체적으로 챙이 둥그스름해서 내 얼굴 반쯤에 그늘이 질 만큼의 너비를 고른다. 손에 집어든 모자가 그랬다. 녹색 모자였다. 빛깔이 어두워서 우중충하지도 않고 너무 밝지도 않다. 마음에 쏙 들었다. 디자인이 괜찮으면 색이 그렇고 색깔이 맘에 들면 모양이 마뜩찮아서 돌아서는데 그 모자는 흠잡을 데가 없었다. 무엇보다도 집에 있는 겨울옷들과 배색하기에 무난해 보였다. 이역만리 타국에서 가지고 싶던 모자를 만나다니 옹골졌다.

모자를 쓰고 거울 앞에 섰다. 앞쪽으로 챙을 살짝 내려봐도 괜찮고 옆으로 챙을 비스듬히 올려봐도 무난했다. 앞으로 써 보고 뒤로도 써 보며 내게 맞는 모양을 만들어봤다. 그럴 듯했다.

영국의 엘리자베스여왕도, 일본의 왕비 미치코여사도 부럽지 않았다. 거울 속 나를 바라보며 집에 있는 옷들과 이렇게 저렇게 맞춰보기도 하고, 그 모자를 쓰고서는 어디서 누구를 만나고, 핸드백은 어느 것이 어울릴까 한참 생각에 잠기었다. 잠시 설레는 마음을 잠재우고 말을 꺼냈다.

"나 이 모자 하나만 사 주면 오늘 이후 아무것도 사달라고 안 할게요."

어렵사리 말을 건네고 돌아보니 남편은 한켠에서 자울자

울 졸고 있었다. 말이 끝나기도 전에 벌떡 일어선 그는 숨도 안 쉬고 말을 이었다.

“이 사람이 지금 제 정신인감. 앞으로 한 달을 비행기와 기차를 바꿔 타며 다닐 것인데 그 큰 모자 상자를 어떻게 들고 다녀. 추위 가릴 옷 샀으면 됐지. 모자 가게는 가는 곳마다 있어요. 집으로 갈 무렵 브뤼셀에서 찾아보자고. 어서 갑시다. 오늘 일정을 마쳐야지.”

두 말을 못 붙이고 돌아섰다. 일정이라고 하지만 여행사를 따라온 것도 아니고 둘만의 여행이니 시간은 얼마든지 조절할 수 있는 일, 어쩔 수 없이 가게를 나왔지만 섭섭한 마음에 눈물이 핑 돌았다.

남편과 나, 두 사람이 여행을 시작한 데는 이유가 있었다. 그 해 퇴직한 남편은 직장일로 여러 번 유럽을 들렀는데 나는 건강이 시원찮아 단체관광을 할 수 없으므로, 한 달여의 일정을 세워 내가 원하는 비엔나에서의 음악회와 미술관 순례를 목적으로 출발했다.

그렇게 하루하루 여행지를 다니는 내내, 녹색 모자만 어른거렸다. 맛있다는 음식이 앞에 놓였어도, 스치는 풍광에서도 언뜻언뜻 떠오르는 그 모자가 눈을 가릴 뿐이었다. 풀이 죽은 내 모습이 안됐던지 런던에서는 백화점에 들렀지만 어느 것도 마음에 닿지 않았다.

십수 년이 지났다. 그날 이후 모자 가게를 들를 때면 행여 그런 모자가 있을까 두리번거린다. 그때 눈발이 날려 두꺼운 옷을 입었으니 겨울 모자를 쓴들 누가 나무랄 것이며, 설혹 아는 사람이 있다 해도 난처할 일이 어디 있을까. 한 달 여를 어찌 들고 다닐 것이냐는 말에 민망해서 돌아섰지만 지금도 아쉽기만 하다. 매사에 거절당하면 두 번 다시 말을 꺼내지 못하는 나지만 끝까지 더 매달려 볼 걸.

한 번 지나치면 다시 만날 수 없는 것이 여행지의 물건들이다. 이제는 건강이 허락지 못해서 가고 싶어도 갈 수 없는 곳들. 세상을 살면서 그것 아니면 이것 대신 할 수도 있지만 꼭 그것이어야 하는 경우가 있다.

올해도 눈이 내리면 그날의 푸른 빛 양모스웨터를 입을 것이다. 변덕스러운 기후로 해서 여행 기간 내내 포근하게 감싸준 따스함이었다. 놓친 고기는 크다더니 세월이 지날수록 아직도 그 녹색 모자가 눈에 삼삼하다. 겨울이 오면 더욱 간절해진다.

매화꽃 송이송이

– 정봉구 선생님 추모하며

 단오(端午) 날입니다.

우편물을 챙기다보니 두툼한 봉투가 눈에 들어왔습니다. 봉투 안에는 홍매화 꽃잎 그려진 색색깔의 봉투 묶음과 자그만 쥘부채였습니다. 송화색, 옥색, 복사꽃빛깔, 살구빛깔, 봉투 낱낱에 붉은 빛 뚝뚝 붓 끝에 묻혀 그려진 매화꽃이파리들이 하르르 하르르 제 치마폭에 날립니다. 흰색 마거릿꽃이 그려진 쥘부채에서도 꽃바람이 살랑입니다.

꽃잎봉투를 선물로 받은 것은 지난해 이맘때였습니다. 스승의 날을 맞아 그레이스 문우 몇 명이 투병 중인 선생님을 찾아뵈었을 때, 사모님께서 모란꽃이 그려진 부채와 한지봉투 열몇 장씩을 나눠주셨습니다. 흰색 한지를 속장으로,

색깔 있는 한지는 겉봉으로 해서 만든 봉투 아랫단에, 붉은 빛깔 매화 두 송이가 단아하게 그려져 있었습니다. 사모님 솜씨라고 했습니다.

손에 든 부채와 꽃봉투가 하도 고와서, 우리 모두는 편찮으신 선생님이 옆에 계신 것도 아랑곳없이 웃음꽃을 피웠습니다. 그 후 뵐 때마다 어김없이 건네주시는 그 꽃잎 봉투를 받아들곤 했습니다.

그때 주신 모란꽃 부채는 장식용으로 벽에 걸어두었고, 꽃잎봉투는 귀한 선물이어서 하찮게 쓸 수가 없었습니다. 가끔씩 화장대 서랍을 열고 한참씩 들여다보며, 어느 색깔을 쓸까 만지작거리다가는 아까운 마음에 슬며시 서랍을 닫아버리곤 합니다.

용처도 다양했습니다. 어떤 문우는 따님 혼사 때 사돈댁에 선물을 담아 드려 큰 치하를 받았다 하고, 또 누구는 단단히 생색낼 자리에만 그 꽃잎 봉투를 사용해서 크게 칭찬을 받았다고 합니다. 저도 마찬가지였습니다. 이제 두어 장 남아 아끼고 있는데, 오늘 단오절을 맞아 보내셨다는 사모님의 짤막한 글을 읽으면서 생각나는 것은 5월이면 선생님께서 쓰시는 '아내를 위한 시(詩)' 였습니다.

선생님이 계신다면 올해도 어김없이 신록의 계절을 맞아 5월을 찬미하는 생일축시를 쓰셨을 텐데…. 그런 추억들을

가슴에 안고 사모님께서는 천 송이 만 송이 매화꽃을 그려, 지인들에게 오월의 맑은 기운을 꽃마음으로 나눠주시는가 봅니다.

지난겨울 사모님께서는 화상을 입어 여러 달 동안 병동에 계셨답니다. 아직도 상처가 아물지 않아 거동이 불편한데도 실버타운에 있는 몇몇 분들에게 그림을 가르쳐드려, 그분들과 함께 단오절을 맞아 부채전시회를 열었다고 합니다.

떠나신 지 어느새 1년이 가까워 옵니다. 그레이스, 도봉, 운현, 반포 수필교실 등, 선생님을 기리는 제자들이 뜻을 모아 추모문집을 준비하고 있습니다. 평생을 오직 프랑스문학에 헌신하시어 연구하고 번역하고 수필창작에 몰두하신 선생님. 지나온 삶을 돌아보며 정말 훌륭한 생을 마치셨구나, 고개를 숙입니다. 큰 대접을 받아야 마땅하실 일, 조촐한 문집으로 대신하려니 송구스럽기만 합니다. 혹여 시키지 않은 일을 왜 하느냐고 꾸중이나 아니하실지 염려스럽기도 합니다.

김시헌 선생님께서 일러주시는 대로 생전에 선생님과 가깝게 지내시던 원로 선생님들께 작품 부탁을 드렸더니 기꺼이 글을 보내주셨습니다. 윤모촌 선생님께서는 병환이 깊어 말씀 나누기도 어려우신 듯한데, "정 선생이 저 세상에서 들으면 아주 기뻐하시겠네…. 남사를 생각하며 내 글 한 편 쓰리다." 모든 일이 어렵지 않은 것은 생전에 선생님께서 덕을 쌓은 때문이라 믿습니다.

선생님, 그레이스 동인들 생각 많이 나시죠. 선생님 계실 때 출석하던 문우들 빠짐없이 글공부에 정진하고 있습니다. 정진권 선생님께서 정성을 다해 지도해 주시니 바랄 것이 없다고 합니다.

한 가지 가슴 아픈 소식을 말씀드리지 않을 수 없군요. 지난 3월 매원 박연구 선생님께서 타계하셨습니다. 현대수필문학상 시상식이 있는 그날 새벽이었습니다. 사돈지간인 두 어른께서 평소에도 다정하게 지내시더니, 가시는 길마저도 앞서고 뒤따르며 그렇게 가셔야만 했는지요. 아직도 가슴이 아려옵니다.

미처 전하지 못한 얘기가 있습니다. 선생님께서 심사위원장이셨던 신곡문학상 시상식이 지난 1월에 있었습니다. 부족한 제가 그 상을 받았습니다. 그날 내내 언젠가 제게 들려주신 말씀을 상기했습니다.

"서운케 생각지 않았으면 싶어요."

그렇게 서두를 꺼내시었죠. 문학상 후보에 제 이름이 거론되었지만, 조금 이르다 싶어 밀쳐놨다고 하셨습니다. 그리곤 이렇게 덧붙이셨습니다.

"상은 조금 늦었다 싶은 게 좋습니다."

어쩐 일인지 전혀 섭섭하지가 않았습니다. 되레 고매한 인품을 지닌 선생님께 고개를 숙였습니다. 팔은 안으로 굽는다는 말처럼 웬만하면 자신이 가르친 제자들을 내세우려는 것이 세태인데, 심사위원장으로 계신 선생님께서는 제 이름을 거론하는 것이 더욱 조심스러우셨으리라 짐작했습니다.

그날 시상식이 끝난 뒤 "정봉구 선생님이 계셨으면 얼마나 기뻐하셨을까?" 김시헌 선생님께서 그렇게 말씀하시며 제 손을 잡아주셨습니다. 그날의 모든 영광을 선생님께 드립니다.

중요한 얘기를 빠뜨릴 뻔했군요. 선생님 떠나신 지난해 10월, 선생님께서 번역하시었던 아폴리네르 시집 『목숨은 사랑에 바치리』가 출간되었습니다. 두어 달만 일찍 책이 나왔어도, 하는 아쉬움이 컸습니다. 사모님께서 주선하시어 12월 선생님 생신을 기해 조촐한 출판기념모임을 가질 수 있었습니다. 선생님께서 재직하셨던 대학 제자들이 시낭송과 여러 원로 선생님들께서 자리를 빛내주시었습니다.

선생님, 눈을 감으셨어도 사모님께서 매화꽃 피우는 소리

오늘도 듣고 계실 줄 압니다. 꽃내음에 섞여 아득한 향기로 젖어오는 매화꽃잎. 송이송이 향내를 뿜으며 화사하게 벙근 꽃잎들. 소원과 정성을 담아 붓끝으로 피워내는 다홍빛 매화꽃은 선생님을 기리는 빛깔이 아닐까요. 사랑으로 함께한 세월을 꼽으며 그 꽃 마음을 굽어보시리라 생각됩니다. 선생님께서 쓰셨던 생일축시 「당신은 꽃을 그립니다」라는 시를 읽으며 이만 줄이겠습니다.

오늘도 당신은 꽃을 그리고 있습니다
어제도 그렸고 그제도 그렸고 날마다
그렇게 매화꽃을 그리고 있습니다
천 송이 만 송이
당신이 그려내는 꽃은
세월의 흐름 속으로 떠가는
사념의 가닥을 머물게 하는 별이던가 … 중략 ….

아, 크로커스!

언제 움이 틀까, 꿈쩍을 않던 구근이 흙을 떠밀고 뾰조롬하게 새순을 틔웠다. 두 달 만이었다. 그 외떡잎으로 다시 또 두 달. 하도 잠잠해서 혹여 잘못되었을까 조바심이 났다. 잊어버리려고 했지만 모른 체 할 수가 없었다.

화분에 구근을 심은 것은 지난해 10월 중순이었다. 독일 여행을 다녀온 친구의 선물이었다. 크로커스라고 쓰인 꽃봉투를 받아 든 순간, 나도 모르게 아, 크로커스! 하고 외마디 소리를 냈다. 친구는 왜 그러느냐고 물었다. 어여뻐서 그래, 말은 그렇게 했지만 가슴에는 작은 파문이 일었다.

마음속 일렁임을 눈치채지 못한 친구는 어서 꽃봉투를 열어 보라고 채근을 했다. 보라색 꽃이 그려진 봉투를 열어봤다. 1센티 정도의 알뿌리 다섯 개가 들어 있었다. 작은 마늘 한 쪽보다 더 작았다. 그렇게 시원찮던 알뿌리가 움을 틔웠으니 어찌 경이롭지 않으랴.

3월 들어서면서 조금씩 변화가 있더니 뾰족하게 올라오던 새순이 엊그제부터 연둣빛으로 물들었다. 오늘 아침나절에는 가느다란 잎줄기가 넷으로 갈라져 보인다. 심은 지 꼭 넉 달 만이다. 다섯 뿌리를 심었건만 다른 넷은 아직도 파릇한 채 있다. 보라색 꽃은 처음이라 그런지 가슴이 설레었다.

하루에도 수없이 화분을 들여다봄은 멀고 먼 길에서 정성들여 가져온 친구의 마음이 귀하기도 했고, 그 꽃과 함께 여학교 때의 친구 정희의 모습이 생각나서다.

우리는 이웃에 살고 있어서 등하교를 같이 했다. 책 읽기를 좋아해선지 늘상 책 읽은 얘기로 시간을 보냈다. 학교를 졸업하고 정희가 직장을 가지면서는 아무래도 뜸해졌다. 그러다가 나는 결혼을 했다.

우리 둘째아이가 걸음마를 뗄 때 정희도 결혼을 했다. 남자 성씨가 나랑 같다면서 무척 반가워했다. 그런 후 미국으로 건너갔다. 얼마 뒤, 사별을 했다면서 느닷없이 내게 왔다.

그렇게 미국에서 나온 뒤 한동안 아픔을 나누며 오갔다. 하마 올 날이 지났는데도 정희가 며칠 째 소식이 없던 하루,

그의 동생이 나를 찾아왔다. 누구에게도 알리지 않은 채 소식을 끊었던 것이다. 들리는 말로는 절에 들어갔다는 말도 있었지만, 가족들도 모르는 얘기였다.

언제였던가. 우리 교회 교우의 집으로 구역예배를 보러 간 일이 있었다. 거실에 들어서자 베란다에 놓인 화분이 눈에 들었다. 가느다란 푸른 줄기가 무성했고 흰색 꽃 서너 송이가 피어 있었다. 처음인데도 낯설지가 않았다. 어디에설까, 딱히 집히는 데는 없었다. 돌아서다말고 그만 붙박인 듯 제자리에 서고 말았다. '아, 크로커스!' 라고 중얼거렸다. 그 옛날 학교 등나무 아래 벤치에서 정희에게 들었던 얘기가 생생하게 되살아났다.

"부추 있지. 어머니가 김치 담글 때 쓰는 거. 이파리가 비슷해, 가늘어. 꽃은 희고, 나팔꽃처럼 통꽃이야. 청초하게 생겼는데 빨리 시들어."

쉽게 져버려서 꽃말이 기다림인가 보다고 재미지게 웃었던 일도 생각났다.

졸업을 앞둔 그 무렵 우리는 지난 시간들이 아쉬웠고 하루하루가 소중했다. 예의범절을 무엇보다 귀하게 여기던 여선생님들의 나무람, 학교바자회 때마다 밤늦도록 남아서 바느질이며 수놓던 일, 뙤약볕에서의 마스게임 연습 등, 귀찮게 여겼던 그 시간들이 그리움으로 남았다. 안타까웠던 것은 성적이 남다른 정희가 상급학교 진학을 그만둔 일이었다.

정희가 크로커스 꽃 얘기를 꺼낸 것도 그때였다. '당신을 기다립니다.' 라는 크로커스의 꽃말도 그날 들었다. 기다림이란 말만 들어도 애잔하게 느껴지던 시절이었으니, 그 꽃말은 왠지 아슴한 기억으로 남았다. 그날 이후 가슴 한켠에 애틋한 그리움으로 크로커스가 자리를 잡고 있었다.

그 기다림이 40여 년이 지난 이제까지 내 안에 남아 있을 줄 어찌 짐작이나 했을까. 살아오는 동안 그 친구가 마음속에서 떠난 적은 없었다. 그 꽃도 마찬가지였다. 그러면서도 꽃집에 가서 찾아볼 생각은 안 했다. 그냥 가슴속에만 피어 있는 꽃으로 여겼다.

그런 그 꽃이 지난해 먼 이국땅에서 내게로 왔다. 이역만리 낯선 땅에서 뿌리내리기가 쉽지 않으련만. 그래서 이 봄 꽃을 만나기가 더딘가 보다. 나머지 알뿌리 넷도 얼마나 더 있어야 기지개를 켜고 일어날지. 새싹이 어서 자라 잎 피고 꽃 피어 향기도 피우거라 축원을 한다.

크로커스 새순을 바라보며 흰 칼라의 교복 입은 소녀 시절도 그려본다. 그때는 보고 싶을 때 한걸음에 달려가서 만나곤 했었는데. 정희가 뿌리내린 곳이 척박한 곳이 아니었으면 싶다. 그 꽃이 내게 온 것처럼 혹여 먼 이역만리로 떠난 것은 아닐까. 머지않아 보랏빛 꽃을 피우면, 그 구근화초를 가져다 준 친구를 부를 것이다. 그리고 그때 못다 한 정희의 이야기를 담담하게 들려주리라.

햇살 드는 창가에서 오늘도 크로커스의 커가는 모습을 지켜보고 있다.

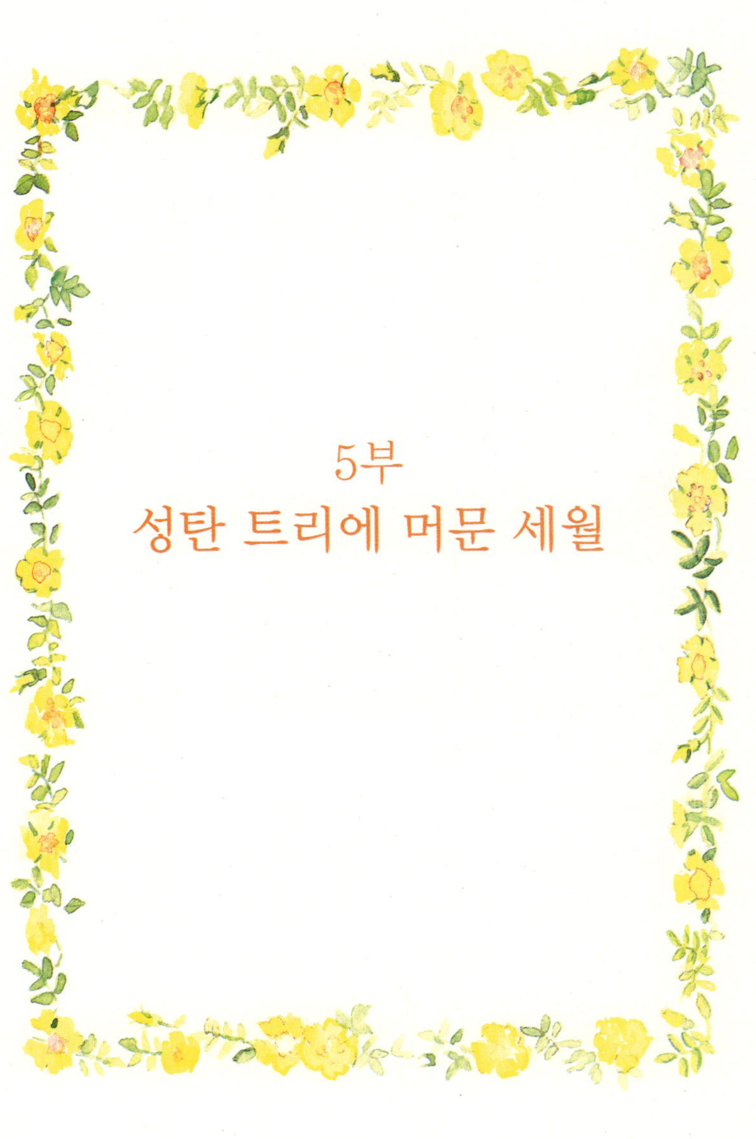

5부
성탄 트리에 머문 세월

성탄 트리에 머문 세월

10년 전 『수필과비평』에 연작수필 「**나무**」를 연재하고 있을 때 송년호에 「전나무 크리스마스」를 썼다. 그리고 오늘, 성탄절 이야기를 쓰려니 감회가 남다르다. 십 년 뒤에도 사랑하는 우리 아들딸들과 소중한 우리 손자들의 성탄절 이야기 세 번째를 쓸 수 있었으면 한다. 하나님만이 하실 일이다.

깊숙이 넣어둔 크리스마스 장식품을 꺼내었다. 먼지를 털고 해진 곳은 테이프로 붙이고 고리가 빠진 것은 바늘로 꿰맸다. 트리 장식은 끝마쳤을 때도 흐뭇하지만 하나하나 들여다보며 손질을 할 때도 마음이 설렌다.

산타할아버지의 선물을 기다리며 현관에 매달던 알록달록 털실로 짠 산타양말과 빨간 헝겊에 축 성탄이라고 수놓아 방문마다 걸어놓던 장식은 지금도 여전하다. 해가 바뀌면서 새로운 장식품이 더해졌지만 루돌프사슴, 울긋불긋한 공 모양의 소품들은 비록 낡고 해졌어도 그냥 쓰고 있다. 아이들의 유년 시절이 있고 내가 살아온 세월이 배어 있어서다.

여행길에서 사온 장식품들도 몇 가지 있다. 악보를 손에 들고 노래하는 두 천사와 작은 도자기에 채색이 된 아기예수와 동방박사 인형들, 산타의 고향에서 아들이 들고 온 목각으로 된 종과 새들, 사위가 선물해준 토기로 빚은 말구유간의 풍경은 손톱만큼 작아도 앙증스럽기만 하다.

하얀 깃털에 분홍색 눈빛이 살아 있어 금방이라도 포르르 날아갈 것 같은 비둘기 두 마리는 흰빛이 누리끼리해졌어도 아직은 트리 우듬지에서 반짝이는 별과 함께 날갯짓을 하고 있다.

이렇게 지난날과 오늘이 어우러진 트리 앞에 서면 저마다의 추억들을 나눈다. 해마다 되풀이되는 이야기인데도 그때마다 환한 웃음이 밴다. 이런 모습들을 바라보고 있으면 나도 모르게 시간과 공간을 초월해서 그때 그 시간 속에 머무르게 된다.

손자들도 자라면서 한몫을 하고 있다. 아장아장 발을 뗄 때부터 제 손이 닿는 낮은 가지에 토끼와 새, 오리 그리고 리본을 장식한 솔방울, 그림을 그린 스티로폼 공, 둥근 고리가 있으면 무엇이든지 가져와서 매단다. 그래서 맨 아래쪽 애기 손이 닿을 수 있는 가지는 애기 몫으로 비워둔다.

"할머니 제가 만든 비둘기 여기 있어요. 유치원 다닐 때요."

"커다란 은박지 공은 어디 있지? 찾았다 여기."

"어, 이건 서영이 누나가 뜨개질해 온 거예요."

떠들썩한 형들의 소리를 듣고 세 살 된 희준이가 거든다.

"함머이 어기 희준이 꺼."

손을 내밀어 강아지 모양을 찾아낸다. 눈에 잘 띄는 앞쪽 가지마다 서로들 제가 만든 예쁜 모양들을 매달겠다고 실랑이를 벌인다. 그러다가는 같은 가지에 겹겹이 주렁주렁 걸어놓는다. 올해는 무엇을 들고 올지 기다려진다. 더 기다려지는 일은 밴쿠버에서 공부하고 있는 서영이가 성탄절에 오면서 제 동생들 머릿수대로 트리 장식을 준비했단다. 벌써부터 온 집안이 시끌벅적해지는 것 같다.

초등학교에 다니는 열한 살인 태형이와 열 살인 병준이는 산타클로스가 있음을 아직도 믿고 있는 아이들이다. 병준이는 이런 말을 한다.

"할머니 저는요. 이번 크리스마스 저녁에는 절대 잠을 안 잘 거예요. 카메라도 준비해 놨어요. 산타할아버지가 오시면 의자에 앉아 사진을 찍고 가시라고 아주 꽉 붙들 거예요. 그래서 친구들에게도 자랑하겠어요. 할머니도 보여드릴게요."

태형이는 제 어미에게 "엄마, 아이들이 그러는데 산타할아버지가 없다고 해요. 정말예요? 저한테는 해마다 제가 원하는 선물을 꼭 가져다주셨잖아요."

"올 크리스마스에도 산타할아버지는 오시지. 엄마는 믿어. 태형이가 얼마나 착한데."

그때 태형이보다 한 살 위인 서영이가 슬그머니 제 어미 귀에 대고, "엄마, 제가요 태형이한테는 산타가 엄마 아빠라는 애기 안 했어요."

그 옛날 우리 아이들이 내게 했던 말을 지금 다시 듣는 것 같다.

나는 아이들 커날 때부터 성탄절이면 늘 도넛을 만들었다. 모두들 제 살림 나간 뒤에는 한동안 뜸했다. 그러다가 손자들이 자라면서는 마땅한 이야깃거리가 있어야겠기에 어느 해부턴가 도넛 만들기를 다시 하고 있다. 밀가루 반죽을 하고 갖가지 모양을 찍어내면 기름에 튀기는 일은 내가 맡는다. 튀겨낸 도넛에 설탕을 묻히는 일은 손자들 몫이다.

"얘들아, 내가 만든 오리 여기 있어."

"맞아. 그건 누나 거야. 나는 별을 찍었는데 어디 있지?"

"이거 봐. 내가 만든 꽃은 공처럼 부풀었어."하며 한 입 한 입 오물거리던 모습이 눈에 선하다.

내일쯤 식구들이 오면 트리 우듬지의 큰 별에 불을 켜야겠다. 서로 별을 달겠다고 떼를 쓰던 우리 아이들은 모두 어른이 되었다. 지금은 손자들이 꼭대기에 별을 달겠다고 한다. 할아버지는 올해도 제일 어린 희준이에게 별을 내주며 어서 하라고 무등을 태워야 할 것 같다.

산타할아버지가 오신다고 잠을 설치던 아이들의 동화도 언젠가는 끝날 것이다. 그러면서 어른이 되어가겠지. 가슴 가득 그리움을 안고서.

가지치기

가지치는 사람들을 바라본다.

나무 모양을 고르고 결실을 조절하기 위하여 곁가지 따위를 다듬는 일이 아니다. 가로수를 바짝 쳐내는 일이다.

두어 사람은 나무 위에서 톱질을 하고 있고, 또 한 사람은 길가에 수북하게 쌓인 나무더미를 나르기 좋게 한 다발씩 끄나풀로 묶어 트럭에 싣고 있다. 새싹이 트기 전이니 봄이라고 하기에는 조금 성급하다. 겨울이 끝날 무렵 길을 가다가 흔히 볼 수 있는 풍경이다.

요즘은 그 일을 어찌해서 하고 있는지 알기에 굳이 고개를 갸웃거리지 않는다. 몇 해 전 처음 그런 모습을 봤을 때는 그냥 지나치지 못했었다. 해 묵어 잘 자란 나무들이 어

쩌다가 전기톱에 무참히 잘리고 있는지 무심할 수가 없었다.

"나무를 왜 그렇게 다 베고 있어요?"

"거치적거려서요."

무엇이 거치적거린다는 말인지 짐작할 수 없었지만, 더는 물어볼 수도 없을 만큼 사닥다리 위에 선 사람들의 일손이 바쁘게 움직이고 있었다. 서 있는 것조차 방해가 되는가 싶어 돌아서다가, 맞은편 길에 늘어선 가로수에 눈길이 멎었다. 미처 손대지 않은 겨울가지들이 우부룩한 채 있었다.

봄을 기다리고 있을 나무들이 뜬금없이 잘려나갈 것을 짐작이나 했을까. 여름이면 지나는 사람들에게 뜨거운 볕을 가리는 그늘과 바람 한 자락으로 쉼터를 제공했을 나무들이다. 새들의 보금자리와 크고 작은 벌레들이 살아가는 터전이 되었을 것인데, 이제 그들은 어디로 몸을 숨길 수 있을까.

몇 발짝 걸음을 떼고 있는데, 거치적거려서 베어버린다고 했던 그 남자의 목소리가 등 뒤에서 들려왔다.

"그냥 놔두면 합선이 되거든요. 봄이 오기 전에 잔가지들을 걷어내야 합니다."

그제서야 무슨 말인지 알아들을 수 있었다.

전봇대에 연결된 여러 가닥의 전깃줄이 우거진 나뭇가지 사이로 드리워져 있었다. 곁가닥 한 끝은 나뭇가지 아래쪽으로 얽혀 있고, 또 다른 가지에는 네댓 가닥의 전선이 가로 걸쳐 포개져 있었다. 사방으로 뻗어간 마른 잎새 두어 잎 매달린 빈 나무줄기와 전깃줄은 얼기설기 뒤엉켜 있었다.

윙- 소리를 내는 전기톱이 무성한 나뭇가지를 이리저리 넘나들었다. 가로수는 순식간에 뭉턱뭉턱 잘려나갔다. 우듬지나 곁가지는 물론이고 지난해 자랐던 움돋이와 가장귀까지 베어졌다. 사방으로 뻗어나간 그 많은 가지들이 잘리고 나니 밑동을 보는 것처럼 나무는 금세 밋밋해졌다.

'저 나무 어디에서 가버린 날의 무성함을 기억할 수 있을까.' 한갓 기억 속에 남아 있는 그림은 아닐까. 볼품없이 베어진 가로수를 물끄러미 바라보며 서 있었다.

잘려나간 나뭇가지를 바라보면서 측은한 마음까지 들었는데, 한 발짝 물러나 생각해 보니 내가 느끼는 안타까움보다 나무는 더 쉽게 받아 삭일 것이다.

우북했던 가지들을 쳐내고 나니 널찍하게 펼쳐진 하늘이 드높았다. 기둥처럼 생긴 나무들이 하늘을 이고 있었다. 걸림 없는 모습이기도 했다. 잔가지가 있었다면 쉴새 없이 바람에 흔들리고 있을 것인데, 나무는 바람이 불어와도 끄떡없이 서 있었다.

가지들을 다 잘라냈으니 전선을 건드리지 않을 것이고, 바람이 불어와도 그 바람에 쉼없이 휘둘리지 않을 것이고, 그늘짐 없이 햇살도 받을 것이다. 비어 있음으로 누리는 여유로움이나 자유로움도 있을 것이다. 이제 나무들은 머지않아 솟아나는 생기로 연두빛깔 새순을 준비할 것이다. 그리고 여름날이 오면 짙푸른 목소리의 합창을 다시 들려주리라.

문득 그런 생각이 들었다. 우리 안에 있는 욕심도 저 나뭇가지 베어내듯 버릴 수는 없는 것일까. 불필요한 생각들을 가지를 치듯 그렇게 뭉턱 쳐버릴 수만 있다면. 마음을 붙잡고 있는 일상의 사소한 일이면서도 그냥 두면 옹이가 될 생각들. 미움과 원망 그리고 불평의 가지들까지.

소유와 치레들은 또 얼마나 많은가. 어찌 보이는 것뿐이랴. 답답하고 무겁게 느껴지는 무형의 것들도 셀 수 없이 가슴 가득 담겨 있으니….

몇 해 전 가지치기하는 나무를 처음 바라보면서 모두를 버릴 줄 아는 의지가 내게도 있었으면 하고 생각에 잠겨있었는데 아직도 그 모두를 끌어안고 있는 지금, 상념에 젖어있던 그때를 돌아보며 서 있다.

스산한 바람이 어깨를 스친다. 다시 일상으로 돌아온다.

가지치기하던 남자들은 어느새 떠나버리고 빈 나무둥치는 미동도 없이 서 있다. 전깃줄이 바람에 흔들리고 있다.

꼬막 이야기

어제 친구가 써 보낸 글을 읽다가 고흥에서 보내 준 꼬막을 맛있게 먹었다는 구절에서 나도 모르게 꿀꺽, 침을 삼켰다. 내일은 꼬막을 사와야지 다짐을 했다. 그리고 오늘 잊지 않고 점심에 꼬막무침을 했다. 접시에 담긴 꼬막을 보니 갑자기 어머니와 함께 여의도 순복음교회 조용기 목사님의 꼬막에 얽힌 얘기가 생각났다.

어머니 생전이었고 전주에 살던 때였으니 40여 년은 되었을 것이다. 출석하는 교회에서 부흥집회가 있었는데 조용기 목사님이 강사로 오셨다. 어머니는 집회 첫날 늘 강사 목사님을 집에 모시었는데 그날도 그렇게 했다.

그때 조 목사님은 전주가 처음이었고 교자상에 차려진 반찬 가짓수에도 놀라셨지만 처음 대하는 '꼬막무침'을 무척 신기해하셨다. 몇 번이나 꼬막 이름을 물으셨고 먹어도 되는지 갸웃거리며 젓가락을 댈까 말까 망설이다가 작은 꼬막 살을 한 번 맛보더니 연이어 드시었다.

너나없이 어려웠던 시절, 강사 목사님을 모시게 된 어머니는 없는 살림에 정성을 다해 솜씨를 부렸건만 다른 반찬보다 꼬막접시에 손이 많이 가시더라면서 서운해 하셨다.

지금이야 지역적인 특성이 없어져서 그 고장 아니면 먹을 수 없는 음식들도 사시장철 어디에나 있지만, 그 무렵 꼬막무침은 전라도 지방이 아니면 만날 수 없었다. 잔칫상에도 빠짐없이 오르는 꼬막무침이었다.

꼬막은 단단한 껍질에 오동통한 살이 쫄깃하고 달착지근해서 입맛을 돋운다. 하룻밤쯤 삼삼한 소금물에 담그면 꼬막이 입을 벌려 해감이 나온다. 그래야 먹을 때 지금거리지 않는다. 씻을 때도 마찬가지다. 약간 뻣뻣하고 억센 솔로 꼬막 껍질을 문질러야 말끔해진다. 삶을 때는, 물이 끓을 때 꼬막을 넣어 한소끔 끓어오르면 껍질이 벌어진다. 그래야 하나하나 껍질 까기가 좋다. 껍질을 뗀 속살만 따로 갖은 양념에 묻혀야 양념이 배어 맛이 든다. 상에 올릴 때는 양념에 잰 꼬막 살을 껍질마다 낱낱이 담아 접시에 옮겨 놓고 실고추를 드문드문 뿌리면 된다.

그 후 어머니는 서울로 이사를 하셨다. 순복음교회가 서대문로터리에 있을 때였다. 여의도 새 성전 건축 후에도 출석을 했는데 어느 날 내게 전화를 하셨다.

"야, 야, 내 말 좀 들어봐야. 신기한 일도 다 있어야. 언젠가 우리 전주 살 때 조 목사님 대접한 일 있잖냐. 그때 그 꼬막 반찬 얘기 너도 알것지야? 그 얘기를 강단에서 하시잖것냐. 세상에…."

그렇게 시작한 어머니는 흥분을 감추지 못했다.

젊었을 때, 전주 어느 교회의 부흥집회 강사로 간 첫날, 어느 여집사님 댁에서 식사대접을 받게 되었는데, 그때 처음 구경하고 먹어 본 꼬막이 그렇게 맛있었다고 하면서 나중에 다른 데서 꼬막반찬을 먹어 봤지만 전주에서 먹어 본 맛은 아니더라는 말씀이었다. 어머니의 목소리는 떨렸고 세상에나, 세상에나를 몇 번씩이나 뇌이셨다. 정말 만족해 하셨다. 그 끝에 나는 이렇게 말씀드렸다.

그러면 얼른 일어나서, 그때 꼬막 대접한 집이 우리 집이었고, 지금 나 여기 있습니다. 소리치지 왜 안했느냐고 했더니, "야, 야, 허연 늙은이가 설교 시간에 그러면 노망났다고 청량리로 데려가면 어쩌라고 그냥 혼자 웃었어야, 감사해서. 얼마나 감사하냐. 나중에 구역식구들하고는 얘기했어야…." 꼬막무침을 먹거나 조 목사님 얘기가 나올 때면, 솜씨부린 반찬을 제대로 못 드셨다고 그리도 안타까워하시더니, 조 목사님의 '꼬막예찬'을 들으신 뒤에는 더는 섭섭해 하지 않았다.

오늘도 어머니는 하늘나라에서 조 목사님의 '꼬막예찬'을 떠올리며 흐뭇한 미소를 짓고 계실 것이다. 조 목사님께서는 아직도 전주에서 드신 꼬막무침을 기억하고 계실까.

천지창조에서 노아방주까지

어머니가 살아계실 때의 이야기다. 어느 월요일 아침나절이었다. 아이들 학교 보내고 설거지 끝낼 즈음이면 어머니는 어김없이 전화를 하신다. 그날도 그랬다. 애들 학교는 잘 보냈느냐고 물으신다. 그날따라 전화기에 실린 어머니의 음성이 웃음기로 가득했다.

"야야, 내 얘기 좀 들어봐라. 아주 우스워야. 어제 저녁 예배 때 말이다. 나이 드신 남자 집사님의 기도 순서가 안 있었냐. 근데 그 집사님이 기도를 하면 걱정이 좀 앞서니라. 길어서. 길다고 다 은혜롭냐, 어머니가 오늘 왜 이런 얘기를 하고 있나 귀담아 들어봐야.

그 집사님은 기도 첫 머리가 늘 전지전능하시고 천지 만물을 주장하시는…. 그렇게 하는 분이거든. 어제는 달라졌어야. 은혜가 풍성하시고 사랑이 많으시고, 이렇게… 시작이 다르니 시간도 짧아지련 했는데, 아니야. 다시 전지전능과 천지만물을 주장하시고 높은 곳에 계시는…로 되돌아가는 거야.

대중기도는 골방에서 혼자 할 때와는 다르잖냐. 찬양 감사 고백 간구 그리고는 예수님 이름으로 기도 드립니다. 아멘 – 이렇게 마쳐야 된다고 목사님께서도 안 그러셨냐. 그런데 아멘, 아멘 하고 있다 보니 창세기 천지창조 이야기를 시작하시잖냐. 낮과 밤을 주신 첫째 날부터 일곱째 날인 안식일을 주심에 감사한다고…. 아, 이제 마치는구나, 싶더라고. 생각은 비슷한지 교인들 모두가 한 목소리로 아멘을 했지.

이제나저제나 기다리는데 그 집사님 어느 사이 에덴동산으로 갔어. 두근두근하지. 왜 안 그러것냐. 그 너른 동산에서 아담과 하와를 언제 만나냐. 아득하지. 다행히 금세 만났어야. 금지된 사과를 먹은 죄까지 자복하느라고 얼마나 오래 걸리는지. 사악한 뱀을 물리쳐 주시라는 간구도 잊지 않았고. 가인과 아벨의 제사도 나왔지. 아담의 계보가 안 나와서 그만이라도 에덴동산 산보를 수월하게 마쳤지.

내 생전에 기도하다가 눈 뜨고 시계 쳐다보기는 처음이다. 뒤에 걸린 벽시계 말이다. 눈도 크게 못 뜨고 실눈으로 보고 있는데 집사님들 여럿이 아예 일어섰더라니까. 유치부 애들이 따로 없더라. 여기서 쫑긋 저기서 쫑긋, 콩나물시루에서 삐죽삐죽 올라온 콩나물처럼 슨 사람, 엉거주춤한 사람, 서성거리기도 하고, 나도 마찬가지여. 어린 화실이 혼자 집 보고 있는데. '하나님, 저 집사님 어서 기도 마치게 해주세요.' 나대로 기도했지. 어떻게 말려. 누가 가서 고양이 목에 방울을 달것냐.

그때가 벌써 아홉시가 지났어. 다른 때 같으면 집에 가 있지. 절반이 뭐냐. 의자가 다 비었어. 생각해 봐라 누군가는 남아 있어야지, 텅 비었으면 그 집사님 기도 마치고 눈떠 보면 얼마나 민망하겠냐고…. 명색이 은퇴권사인데…. 낫살이나 먹은 내가 일어날 수도 없고. 가자니 그 집사님이 걸리고 있으려니 니 언니가 걸리고 안절부절못했지. 지루한 게 아니라 니 언니가 기다리잖냐. 직장생활 하랴 늙은 어미 보살피랴 얼마나 애쓰냐, 그러잖아도 속이 짠데 맘고생까지 시켜서 되겠냐고….

다시 고개 숙이고 주여, 하는데 '하나님이 노아에게 이르시되' 가 들리는 거야. 매사에 느긋한 분이 언제 잣나무 베어다 역청으로 칠하고 삼층으로 방주 짓고 짐승들 암수 찾아 짝지어 잡아들이겠냐고. 아들 며느리 아내까지 챙기랴 먹을 식물 들여놔야지, 아랏산에 가서 비 그칠 때까지 40일을 기다려야 하지. 어디 그뿐이냐. 비둘기가 종려나무 이파리도 물어와야 하잖냐.

밤새는 것은 일도 아니어. 노상 철야도 했으니, 할 수 없이 책가방 들고 일어났지. 니 언니가 밟혀서 못 있겠더라고. 찬바람 속에서 얼마나 애통 터지겄냐. 칠십도 넘어 눈 어둔 에미 이 버스에 탔나 저 버스에 탔나 이리 뛰고 저리 뛸 것 아니냐. 지난번에도 버스에 넘어져서 몇 달 고생했잖냐. 밤예배는 인제 나가지 말라고 그랬거든.

예배당 문 열고 나올 때 열시더라. 여전도사님 혼자 꾸벅꾸벅하셔. 얼마나 피곤하겠냐. 강단에 목사님 혼자셨고 평신도는 하나도 없었어. 목사님 생각하면 지금도 걸려야. 내가 나올 때 그 집사님 창세기 6장에서 돌아다니고 있었으니 언제 모세 만나 출애굽 할지 밤새야 되겠더라. 그러다보면

산상수훈도 그만둘 수 없지.

오늘 새벽기도 나가서 그 집사님 그때까지 기도하고 계신가 했더니 가시긴 했나 안 보이더라. 전도사님한테 어젯밤 몇 시에 끝냈냐고 물어 보려다 그만뒀어야. 말 될까 싶어서. 니 언니랑 어제 저녁 말도 못하게 웃었어야. 내가 왜 그 집사님 걱정했는가 이제 알겠지야. 야 야, 참 너도 주일학교 반사도 하고 여전도회 일도 하니 대표기도 할 게 아니냐. 에미가 지금까지 한 얘기 잘 새겨둬. 사람 사는 일은 다른 사람의 잘못된 일을 보고 내가 배우느니라. 그 집사님을 반면교사로 삼으라는 얘기지."

한참씩 소리내어 웃다가 다시 이어지고 그러면서 어머니는 얘기를 끝내셨다. 40여 년 전 그때는 주일 저녁 예배를 드렸다. 지금처럼 핸드폰이 있는 시절 같으면 어머니는 혼자라도 남아 계셨을 것이다. 자신보다 늘 남을 낫게 여기며 이웃을 배려하고 나누며 사시던 어머니였다. 지금도 예배시간에 대표기도 순서를 볼 때면 어머니의 얘기가 생각난다.

'기도도 훈련이다.' 많은 메시지 전하려고 욕심 부리지 말라는 그 말씀이.

'천지창조'와 '노아방주' 등, 성경 속 어휘들을 듣거나 읽을 때면 세 시간이 지나도 기도가 끝나지 않았다는 그 집사님이 떠올라 나도 모르게 웃음짓는다. 나이가 드셨어도 누구보다도 유머러스해서 20대 젊은이들부터 어른들까지 재미지게 어울리며 구역을 돌보시던 어머니. 요즘에도 아침나절에 전화벨이 울리면 나도 모르게 뛰어간다.

어머니, 오늘 어머니 음성이 유난히 그립습니다.

향기로 피어나는

남을 도울 수 있는 것은 가진 것이 비록 적어도 마음만 있으면 할 수 있다는 것을 보여주는 친구가 있다. 옆 사람의 도움 없이는 숟가락도 바르게 들 수 없는 중증 장애를 가진 사람이다. 다리도 팔도 마음먹은 대로 펼 수 없고 주먹을 쥐듯 오그라져버린 손. 그 손가락 사이에 볼펜을 꽂고, 제대로 앉을 수도 없어 방바닥에 엎드려 이리저리 뒤척거리며 원고지를 메우고 있다. 이름을 떨쳐보겠다는 욕심 때문이 아니다. 큰돈을 바라는 마음도 없다. 있다면 적은 원고료지만 어려운 학생들을 돕는 데 쓰고 싶어서다.

주일날이면 교회에 갈 수 있도록 도와주는 청년들. 목회자를 꿈꾸는 신학생. 어려운 이웃들. 눈깔사탕 하나 줄 수 없는 오그린 손 안에 사랑을 담아 펼치고 있다.

동생들이 근근이 보태주는 생활비는 빠듯하다. 끼니는 하루 두 끼. 어쩌다 명절이 가까워서 두어 푼 통장에 넣어주면 생각지 않은 돈이라면서 학생들에게 되돌린다.

제대로 통풍도 아니 되는 방에서 여름이면 욕창으로 짓뭉개지는 상처 때문에 고생을 하면서도, 자신의 불편함을 탓하지 않고 비장애인 돕는 일을 서슴없이 이루어내고 있다.

그가 글을 쓰기 시작한 것은 장애인이 된 한참 뒤였다. 팔다리를 주물러 주고 밥을 떠먹여 주던 어머니가 세상을 뜨신 후 막막하기만 했다. 어디를 둘러봐도 어머니 그림자뿐 아랫목에 놓인 이불 한 채를 바라볼 때마다 목이 메었다. 어머니는 떠나시기 두어 달 전, 목화솜을 타다가 붉은 바탕에 초록 깃을 단 이불을 꿰매 홑이불을 말갛게 시쳐놓으셨다. 내가 없으면 누가 네게 도톰한 솜이불 한 채 만들어 주겠느냐고, 행여 좋은 짝 만나 쓸 수 있다면 더 바랄 것이 없겠다면서 돌아앉아 눈물바람 하시던 모습이 눈에 어리었다.

어머니가 떠나신 후 동생들에게 짐이 되고 싶지 않아서 독립을 했다. 하루하루가 가시밭이었다. 살길을 찾다보니 자신의 처지로 할 수 있는 일은 오직 글쓰기뿐이었다.

그에게도 20대의 눈부신 봄날은 있었다. 마음을 나누는 좋은 사람도 있었다. 동생들 셋 뒷바라지도, 암으로 투병하고 있는 손위 올케의 병수발도 힘들지 않았다. 수입을 위해서는 야근은 물론 하루를 25시간으로 쪼개어 사는 나날이었지만 꿈이 있었다. 그러던 하루 CM제작을 하던 사무실에서 그만 쓰러지고 말았다. 급성 류마티스라고 했다. 의사는 입원 치료는 물론이고 절대안정과 영양섭취를 권했지만, 눈앞에 어른거리는 동생들을 내팽개칠 수 없었다.

끝내 치료시기를 놓치고 말았다. 남은 것은 가진 것 없는 빈손과 병든 몸, 그리고 노처녀라는 원치 않는 이름표였다. 어찌해도 가난만은 벗어나 보겠다고 다짐했었지만 그의 봄날은 활짝 피어남도 없이 그렇게 가버렸다.

그에게는 남다른 바람 한 가지가 있다. 들을 수 없고 말을 못하고 앞도 볼 수 없는 그 유명한 헬렌켈러의 '사흘만 볼 수 있다면' 이라는 소원처럼, 그에게도 '사흘만 걸어봤으면' 하는 마음이 있다. 사흘이 욕심이라면 하룬들 어떠랴 발을 뗄 수만 있다면….

계절이 바뀌어도 나들이는 생각도 못한다. 봄날의 찬란함이나 가을의 정취는 가슴속에 묻은 기억일 뿐이다. 그런 그가 지난해 겨울, 또 하나의 바람으로 가슴을 설레고 있다. 『비록 그리 아니 하실

지라도』라는 신앙에세이집을 펴냈다. 더 많은 학생들에게 꿈을 실어주고 싶었지만 판매가 여의치 않아 안타까운 나날을 보내고 있다.

하루하루 자신의 삶도 힘겨우련만 한 줄기 빛을 던져 이웃을 밝게 하려는 마음. 자기 인생을 실망으로 이끌 수도 있었으련만 고통을 받아들이고 오래 참음으로, 다른 사람의 어려움과 아픔을 함께 나누고 있으니 그 정성 어찌 소중하지 않으랴.

젊은 시절 일하는 틈틈이 광고모델을 했을 만큼 모습이 고와서일까, 아니면 남을 헤아릴 줄 아는 마음이 생생하게 살아있어서일까, 맑은 눈빛과 편안한 얼굴이 향기로 피어난다.

오늘도 아픈 손마디에 펜을 꽂고, 한 글자 또 한 글자 원고지를 채우고 있을 친구. 아픔은 노래가 되고 슬픔은 사랑이 되어 '자비를 베풀며 궁핍한 자에게 손을 내밀며.' 성경말씀을 실천하고 있을 것인데…. 사랑 가득한 마음이 활짝 피어났으면, 그래서 그가 더 행복해졌으면 싶다.

시금치가 춥다고 혀서…

연일 강추위가 계속되던 날, 이사 간 친구네 집엘 가는 중이었다. 생각 없이 차창 밖을 내다보고 있었다. 그런데 언뜻 스친 풍경 하나가 시선을 붙잡았다. 근처를 잘 알고 있는 옆자리 친구에게 부탁을 했다.

"여기가 어디쯤인지 좀 봐줘."

"무슨 일인데…."

"이따 얘기할게."

금방이라도 길가에 차를 세우고 싶었지만, 1차선에서 주행 중인 차를 차선 셋을 거쳐서 도로변에 정차하기에는 쉬운 일이 아니었다. 해마저 설핏해서 끄무레한데다가 하늘은 먹구름장이었다. 금방이라도 눈보라가 휘몰아칠 것만 같았다.

아파트와 빌딩 숲으로 우거진 대로(大路). 그런 사거리 인도에 어떤 사람이 웅크리고 있었다. 먼빛으로 푸성귀가 그 사람 앞에 놓여있는 게 눈에 들어왔다. 때마침 라디오에서는 한랭전선의 영향으로 체감온도가 영하 20도를 넘고 있다는 기상예보가 막 보도되고 있었다.

날씨 얘기를 하다 보니 어느새 집들이할 친구 집 앞에 당도했다. 일행은 안으로 들어가고, 옆자리에 앉았던 친구에게 눈짓을 했다. 지나쳤던 그 자리에 같이 가자는 뜻이었다.

사위에 어둠이 내려 주변 사물이 희끄무레했지만, 쭈그리고 있는 사람은 좀 전에 보았던 그대로였다. 티셔츠 차림으로 웅크려 오들오들 떨고 있었다. 그의 앞에는 수북하게 쌓아놓은 무더기가 두툼한 옷에 덮여 있었다. 앞자락을 들추니 시금치 이파리 두어 잎이 삐죽이 내보였다. 걷어낸 옷은 남자 방한복이었다.

"날씨가 이렇게 찬데 입성이 얇아서…."

"아니라우. 시금치가 벌벌 떨고 있어서 싸 주었고만이라…."

그의 손은 어느새 시금치 무더기에 바람이 들세라 들춰진 방한복 자락을 손으로 꾹꾹 눌러 다독이고 있었다. 찬바람이 옷깃을 파고들었다. 얼굴이 얼얼했다. 고층빌딩 사이로

몰아쳐 오는 바람은 살을 엘 듯했다.

“대낮에는 따숴지라우. 어찌는가 싶어서 비닐하우스를 쬐까 열고 디리다 봤지라오. 시금치들이 쫑곳하니 모다 밭고랑에서 일어서더라고요. 바람 좀 쐬자고. 아, 그리서 나왔잖겄어요.”

부풋하게 쌓인 시금치 낱낱은 나붓한 이파리가 아니었다.

빳빳하게 얼어서 살짝 스치기만 해도 진초록 잎에 실금이 그어지고 여린 잎은 조각조각 떨어져나갔다.

“시금치 다 가져갈게요.”

“이렇게 많은디…. 다 어따 쓴다요?”

“식구들이 많아서요.”

“어찐대요. 죄다 얼어부렀는디….”

금세 심란해지는 목소리였다. 상품이 아니라는 뜻이었다. 어차피 데쳐서 나물로 무치거나 국거리로 끓일 것이니 괜찮다고 말했다. 머뭇거리는 그의 손길을 제치고, 두터운 담요로 둘둘 말아 쌓아 놓은 포대자루를 끌어당겼다. 바닥에 남아 있는 것까지 주섬주섬 담았다.

낱잎의 푸성귀일망정 어린아이 다루듯 애지중지하고, 고단한 삶을 살면서도 생명을 사랑하는 마음을 그는 알고 있었다. 이를 어찌 한갓 상혼(商魂)으로만 여기랴.

몇십 년 만의 강추위라고 했던 기나긴 겨울도 물러갔다. 이 봄 바람 쐬고 싶다는 시금치를 수북이 쌓아 놓고, 한 봉지씩 들고 갈 임자를 기다리고 있을 그를 떠올린다. “시금치가 벌벌 떨고 있어서 옷을 벗어 씌워 주었고만이라.”하며 바라보던 순하디순한 그 눈빛이 아직도 마음에 어린다.

아픈 말

오래 전 서교동 단독주택에서 살고 있을 때의 일이다. 이웃에 사는 철이아버지가 입원했다는 소식을 들은 것은 그 다음날이었다. 가겟집에 물건 사러 갔다가 알게 되었다면서 영희엄마가 우리 집으로 왔다. 따로 날 잡을 것 없이 선걸음에 나서자고 해서 택시를 타고 병원으로 가게 되었다. 철이엄마가 세들어 사는 주인 집 준이엄마, 가겟집 순자네, 나 그렇게 네 사람이었다. 내왕이 잦은 사이는 아니었지만 문병을 가자는 데는 나름대로의 공감대가 있었다.

허우대가 멀쩡한 철이아버지는 늘상 술에 절어 있었다. 아이들한테는 좌측통행을 해라, 군것질하면 안 된다고 나무라며 길에 오가는 사람들을 참견했다. 그러다보니 그 남자의 실없는 짓들이 자주 입길에 오르내렸다.

그 나이가 되도록 돈벌이라곤 해 본 적이 없단다. 지금 살고 있는 반지하층 집으로 이사 오기 전에는 철이엄마가 삯바느질을 했었지만 이즈음에는 빌딩 청소가 끝나면 먼 동네에 가서 폐지 수집을 한다고 했다. 철이의 형인 큰아들도 어머니를 돕느라 보수가 조금이라도 낫다는 야간경비를 하고 있었다.

그렇게 힘든 나날인데도 그녀의 찌푸린 얼굴을 본 사람은 그 누구도 없었다. 어쩌다 구멍가게에서 물건 하나를 사도 에누리 없이 셈이 바르고 됨됨이가 무던한 사람이었다. 병문안을 가야한다고 입을 모은 것도 이런 연유였을 것이다.

차를 타고 가는 내내 우리들이 나눈 이런저런 얘기들은 그녀에 대한 측은지심의 발로였다. 그러다가 그렇게 착해빠진 철이엄마는 앞으로 이런 수순을 밟아야 하지 않겠느냐면서 갑자기 화제가 반전을 했다.

"가뜩이나 어려운 살림, 이참에 철이아버지만 세상을 뜨면 한 시름 덜겠지요?"

옆에 앉은 준이엄마가 동의를 구하자 앞자리에 앉은 영희엄마가 맞장구를 쳤다.

"그럼요. 술주정만 안 해도 식구들을 돕는 거죠."

영희엄마 말끝에 가겟집 순자네가 덧붙였다.

"어디 가서 날품을 판들 왜 집에서 놀아요. 정말 한심한 사람이지요."

자식들이 커 가는 일까지 어찌어찌 될 것이라고 요량을 하고 있을 때, 택시는 병원 마당으로 들어섰다.

그의 병실은 6인실이었다. 철이엄마와 큰아들은 링거를 꽂고 누워 있는 환자를 걱정스러운 눈빛으로 지켜보고 있었다. 우리는 철이엄마의 손을 잡았다. 의사는 뭐라고 하더냐고 한 목소리로 물었다. 급한 불은 껐다면서 한쪽을 못 쓸 것이라고 했다. 집에 가면 운동을 많이 하란다고, 말끝을 흐렸다.

엉거주춤 서 있던 큰아들이 어서 앉으시라면서 의자를 권했다. 그리고는 그 병원까지 오게 된 과정을 풀어놓았다.

"야간 일을 끝내고 아침나절 집으로 왔어요. 아버지 점심을 차려드리고 눈을 붙이려는데 갑자기 퍽 하고 벽이 울려요. 이상해서 아버지 방문을 열었어요. 주무시려니 싶어서 베개를 받쳐드렸지요. 다른 때보다 아버지 몸이 무겁게 느껴지더라구요. 아버지, 아버지, 하고 흔들어 봤어요."

그 길로 아버지를 업고 가까운 병원에 갔지만 받아주지

않아서 여기까지 오게 되었단다.

서교동에서 구로동까지 가게 된 까닭을 알 것 같았다. 자초지종을 설명하는 아들 얼굴에서도 철이엄마의 얼굴에서도, 한 고비는 넘겼다는 안도감과 혹 무슨 일이 생기면 어쩌나 하며, 너무 놀란 탓인지 두 모자는 정신이 나간 사람 같았다.

우리는 아무런 말도 못한 채 병실을 나왔다. 그들을 만나고 돌아오는 차 안에서 누구 한 사람 입을 떼지 못했다. 비록 짧은 시간이었지만 병원으로 가면서 나눴던 어쭙지않은 짐작이 얼마나 어리석었는가를 서로 알고 있어서였다.

무위도식한다는 이유만으로 그녀의 남편을 불편한 존재로 여겨왔다. 어서 세상 뜨기를 바랐으니, 마치 이런 날이 오기를 기다리기라도 한 것 같았다. 그녀의 고단한 마음을 언제 한 번이라도 어루만져 준 일이 있었던가. 내 일이 아니라고 쉽게 내뱉었던 편견의 말들이 다시 아픔으로 우리에게 되돌아왔다.

집으로 오는 동안 내내 우리는 미안한 마음으로 입을 다물었다. 그리고 가슴속에서는 그 아들의 울먹이던 말이 메아리처럼 울렸다.

"우리 아버지 지금 가시면 안 돼요. 제가 결혼해서 며느리가 지어드리는 진지를 드셔야지요."

저보다 갑절이나 큰 몸집인 아버지를 업고 이 병원 저 병원 문을 두드리고 다녔을 아들의 모습이 눈에 선했다. 택시 기사가 서교동 도착했습니다라고 말을 할 때에야 정신이 들었다.

그 후, 이른 아침이나 저녁 무렵이면 남편의 한쪽 팔을 붙들고 거니는 철이엄마와 왜소한 큰아들에게 기대어 걷는 모습을 보는 일이 잦아졌다. 일요일에는 두 모자가 그를 곁부축하고 교회에 가는 모습도 볼 수 있었다. 가겟집의 주선으로 집집마다 박스 하나라도 모으기 시작한 일은 병원을 다녀온 뒤부터였다.

그 해가 갈 무렵 큰아들이 결혼하게 되었다는 소식이 들려왔다.